Landschaftsgeschichtliche Exkursionsziele in Schleswig-Holstein

Reinhard Zölitz

Landschaftsgeschichtliche Exkursionsziele in Schleswig-Holstein

Wachholtz ⋎ Verlag

Umschlagbild: Blick in die Wilstermarsch
Foto E. Fischer, Bad Bramstedt

ISBN 3 529 05405 4

Karl Wachholtz Verlag, Neumünster 1989

Vorwort

Wer die Landschaftsgeschichte einer Region kennenlernen und verstehen will, muß sich ins Gelände begeben. Von dieser Grundüberzeugung geleitet, entstand bei der Vorbereitung eigener Exkursionen mit Studenten der Wunsch, auf eine handliche und kommentierte Sammlung landschaftsgeschichtlicher Exkursionsziele für Schleswig-Holstein zurückgreifen zu können. Da die bislang verfügbaren geologischen und geographischen Führer aber fachlich oder regional zu stark eingeengt erscheinen, einem breiteren Interessentenkreis schwer zugänglich oder teilweise auch veraltet sind, mußte sich der Autor selbst an die Arbeit machen. Nach manchen Zwischenstufen entstand das nunmehr verwirklichte Konzept; es ist am einzelnen, beispielhaft vorgestellten Landschaftsobjekt orientiert und verzichtet auf die sonst oft übliche Routenführung. Der interessierte Leser wird sich ohnehin eigene Routen zusammenstellen oder auch günstige Gelegenheiten für Abstecher zu den am Wege liegenden, interessanten Zielen nutzen wollen.

Die vorliegende Sammlung von Exkursionszielen in Schleswig-Holstein entstand nicht ohne fremde Hilfe. Wichtige Anregungen, die hier mit verarbeitet wurden, erhielt ich gezielt oder mittelbar durch Prof. O. Fränzle und Prof. R. Köster (beide Kiel). Ihnen, wie auch besonders meinem Kieler Kollegen Dr. H. Sterr und dem Landesnaturschutzbeauftragten Dr. W. Riedel (Eckernförde), gilt mein herzlicher Dank für bereitwillig gegebene Hinweise. Dank gebührt auch Frau N. Schlösser (Neumünster) für die Gestaltung der Übersichtskarten. Dem Karl Wachholtz Verlag schließlich danke ich für die gebotene Möglichkeit zur Veröffentlichung.

Wattenbek, im März 1989   Reinhard Zölitz

Inhalt

Hinweise zur Benutzung

Ziel und Grundidee des vorliegenden Exkursionsführers ist es, den Leser an das einzelne, erdgeschichtlich interessante Landschaftsobjekt heranzuführen. Wer sich für bestimmte Typen von Oberflächenformen oder Ablagerungen interessiert, kann Zugang zu den ausgewählten Beispielen über das Register suchen, wo man Stichworte wie Binnendünen, Geschiebemergel, Nehrung, Podsol, Gipskarst, Stauchendmoräne, Rinnensee usw. findet. Steht mehr der regionale Zusammenhang im Vordergrund des Interesses, wird man sich anhand der sechs Übersichtskarten, die den räumlich nach pragmatischen Gesichtspunkten geordneten Abschnitten des Buches vorangestellt sind, oder anhand der Ortsangaben des Registers orientieren.

Jedes Ziel wird auf einer Seite abgehandelt. Der Rahmen am Kopf jeder Seite enthält folgende Informationen:

1. Kreis oder kreisfreie Stadt, zu der das Ziel (der Punkt) gehört.

2. Nummer der topographischen Karte 1:100 000 (TK100), auf der das Objekt zu finden ist.

3. Punkt-Nummer, auf die in den Übersichtskarten, im Register, in den Worterklärungen und bei Querverweisen im Text Bezug genommen wird.

4. Vollständige UTM-Koordinaten des Punktes mit Zonenfeld (immer: 32U), Kennung des 100-km-Quadrates (z. B. MF), je dreistelliger Rechtswert (z. B. 612) und Hochwert (z. B. 976); die Beispielwerte stammen von Punkt Nr. 1. Die Angaben sind auf 100 Meter genau. Den aktuellen topographischen Karten ist das UTM-Gitternetz aufgedruckt.

5. Gauß-Krüger-Koordinaten des Punktes in Metern, aber auf 100 Meter gerundet; das Gauß-Krüger-Gitternetz findet man auf den älteren Ausgaben topographischer Karten und in der Deutschen Grundkarte 1:5000.

6. Stichwortartige Kennzeichnung des Zieles.

Die Beschreibung zu jedem Punkt liefert eine knappe Zusammenfassung der wesentlichen, für das Verständnis der Landschaftsgeschichte notwendigen Zusammenhänge. Sie erklärt in auch für Anfänger verständlicher Weise Art und Zeitraum der Entstehung des Objektes und seiner Umgebung. Nicht-Fachleute können zur Erläuterung der geologischen und geomorphologischen Begriffe auf die Worterklärungen am Ende des Bandes zurückgreifen. Die Querverweise zu anderen Punkten stellen entweder einen räumlichen oder einen themenbezogenen Zusammenhang her.

In der Lagebeschreibung wird jeweils ein möglicher Zugangsweg zum Objekt erläutert; häufig, aber nicht immer, gibt es auch andere Wege zum Ziel. Es empfiehlt sich stets, topographische oder Straßenkarten zu Rate zu ziehen. In aller Regel wird man mit der topographischen Übersichtskarte 1:250 000, die es auch mit aufgedrucktem UTM-Meldegitter gibt, auskommen. Wo möglich, wird in der Lagebeschreibung auch auf Wanderwege und Aussichtspunkte hingewiesen.

Die Literaturhinweise am Ende jeder Seite sollen eine vertiefende Beschäftigung mit dem behandelten Thema und dem betreffenden Gebiet ermöglichen und sind zugleich Quellennachweis für das im Text berücksichtigte Schrifttum.

Exkursionsziele im Kreis Nordfriesland

(Exkursions-Punkte 1–22)

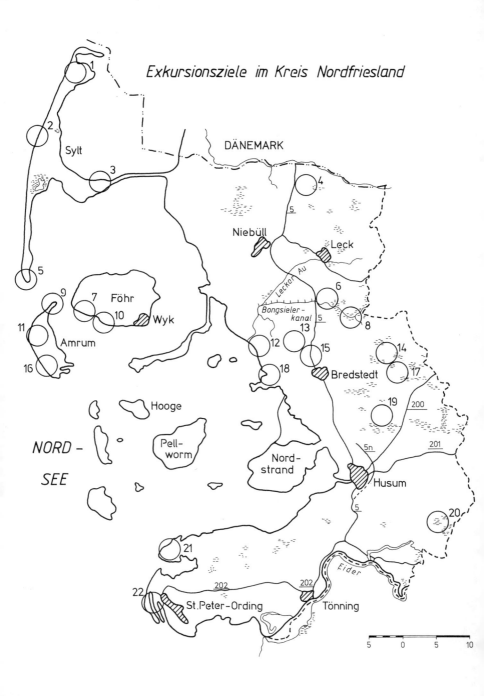

Exkursionsziele im Kreis Nordfriesland

Kreis: Nordfriesland	TK100: C1114	Punkt Nr.: 1
UTM: 32UMF612976	Gauß-Krüger: r = 3 461200 h = 6099400	
Wanderdünen im Listland		

Beschreibung:

Im Lister Dünengebiet kommen hauptsächlich nord-südlich
verlaufende Dünenkörper vor, die vier Gruppen zugeordnet
werden können: ein dem westlichen Kliff folgender, 250 m
breiter Streifen kliffgebundener Dünen (Haldendünen); östlich daran anschließend bis zur Straße Blidsel-Kurstrand-
halle eine Reihe bogenförmiger Dünen mit Öffnung nach Westen (Parabeldünen); parallel dazu östlich der Straße dann
zwei Dünengürtel mit den großen, über 30 Meter hohen Wanderdünen des Listlandes.

Die kliffnahen Haldendünen wandern zunächst schnell, dann
langsamer nach Osten. Dort vereinigen sie sich zu den nach
Westen offenen Bogendünen. Dabei geht der Kontakt zum sand-
liefernden Nährgebiet des Kliffs verloren, da sich dort
neue Haldendünen bilden. So kommt es dazu, daß ältere Dünen
von jüngeren eingeholt werden, sich schließlich höher auf-
türmen können und eine Wanderdünenkette bilden.

Nach den Untersuchungen von PRIESMEIER (1970) wandert eine
Wanderdünenkette mit durchschnittlich 3,75 Metern pro Jahr
ostwärts. Bei ungestörter Morphodynamik lösen sich im Mittel alle 320 Jahre Wanderdünen aus dem kliffgebundenen Dünengürtel und erreichen nach etwa 600 Jahren die Ostseite
des Listlandes. Da das Dorf Alt-List (im heutigen Dünenareal gelegen) im 16. Jahrhundert verschüttet wurde, kann
man folgern, daß mindestens eine Dünenkette das Listland
bereits überquert hat. Heute ist jedoch eine Reihe vordem
aktiver Wanderdünen zum Stillstand gekommen, wie neuere
vergleichende Luftbildauswertungen ergeben haben.

Lage:

Die noch aktive große Wanderdüne kann von der Straße zwischen Blidsel und der Kurstrandhalle gut überblickt werden.
Außerdem führen von List aus Fußwege nach Westen in das
Dünengebiet des Listlandes. Aus Naturschutzgründen sollte
man die Straßen und Wege nicht verlassen.

Literatur:

BESCH & KAMINSKE 1980; MEIER 1987; PRIESMEIER 1970;
SCHLENGER, PAFFEN & STEWIG 1969; STRAKA & STRAKA 1984.

Kreis: Nordfriesland	TK100: C1114	Punkt Nr.: 2

UTM: 32UMF562884 Gauß-Krüger: r = 3 456200 h = 6090200

Rotes Kliff: bedeutender Aufschluß der Saaleeiszeit

Beschreibung:

Das Rote Kliff erstreckt sich über etwa 4,5 Kilometer Länge von der Nordseeklinik Westerland bis "Kliffende" bei Kampen und erreicht in seinem südlichen Abschnitt Höhen zwischen 20 und 30 Meter. Es bietet den wichtigsten Aufschluß saaleeiszeitlicher Ablagerungen in Schleswig-Holstein.

Bei günstigen Aufschlußverhältnissen ist an der Basis zunächst pliozäner Kaolinsand anzutreffen. Über diesem folgt die mehrere Meter mächtige Drenthe-Moräne (ältere Saaleeiszeit), die bei Wenningstedt noch von einer wohl wartheeiszeitlichen "oberen Moräne" überlagert wird.

Im Mittelteil des Roten Kliffs erstreckt sich über 2 Kilometer weit eine typische Verwitterungsbildung im Drenthe-Geschiebelehm: Es handelt sich um einen 2-4 Meter mächtigen, hellgrauen Bleichhorizont, der an färbenden Eisen- und Manganoxiden verarmt ist. Diese sind in den mehrere Meter mächtigen, rotbraunen Oxidanreicherungshorizont darunter, der dem Kliff den Namen gab, verlagert worden. Die hierfür ursächlichen bodenbildenden Prozesse müssen sich unter einem sehr humiden, wärmeren, längere Zeit andauernden Klima abgespielt haben, das möglicherweise Warmzeitcharakter hatte. Entsprechend wird der Bleichlehm, die sog. "Wenningstedter Bodenbildung", in die Treenewarmzeit datiert, welche die Saaleeiszeit in eine ältere Drenthe- und eine jüngere Wartheeiszeit gliedert. An dem Interglazialcharakter der Treenewarmzeit sind jedoch auch Zweifel geäußert worden (vgl. Punkt Nr. 24).

Lage:

An der Treppe "Strandstraße" in Wenningstedt besteht die Chance, bei günstigen Aufschlußverhältnissen (z.B. nach Sturmfluten) ein möglichst vollständiges Profil anzutreffen, soweit das Kliff nicht durch Sandvorspülungen (Küstenschutzmaßnahme) teilweise verdeckt wird.

Literatur:

DEGENS, HILLMER & SPAETH 1984; FELIX-HENNINGSEN 1979; MEIER 1987; STREMME & MENKE 1980.

Kreis: Nordfriesland	TK100: C1114	Punkt Nr.: 3

UTM: 32UMF654814   Gauß-Krüger: r = 3 465400   h = 6083200

Morsum-Kliff: wichtigster Tertiär-Aufschluß in Schl.-Holst.

Beschreibung:

In einem einzigartigen Aufschluß treten am Morsum-Kliff Ablagerungen des oberen Tertiärs zutage. Sie dokumentieren in ihrer Abfolge den Übergang vom wärmeren Tertiärklima zum beginnenden Eiszeitalter, der mit einem Rückzug des Meeres verbunden war.

Die tertiären Schichten sind während der Elstereiszeit durch einen von Nordnordost nach Südsüdwest vordringenden Gletscher aufgerichtet und zu vier am Kliff teilweise freigelegten Schollen aufgeschuppt worden, in denen sich die spättertiäre Abfolge jeweils wiederholt.

Die älteste Schicht ist der marine, schwärzliche bis graue Glimmerton des Obermiozän. Er ist das feine Sediment der Stillwasserzone eines wärmeren Meeres, auf dessen Grund toniger bis sandiger Schlamm mit Glimmerbeimengung abgelagert wurde. Der stratigraphisch darauf folgende Limonitsandstein bildete sich durch Verfestigung aus dem sandigen Sediment eines Flachmeeres. Darauf folgen helle, oberpliozäne Sande aus brackisch-marinem Ablagerungsmilieu. Abgeschlossen wird die tertiäre Schichtfolge durch den fluviatilen Kaolinsand. Er ist eindeutig terrestrischen Ursprungs und entstammt dem sehr großflächigen Mündungsbereich eines weitverzweigten Stromsystems, dessen Ursprung in Südskandinavien lag und dessen Einzugsbereich auch den zu der Zeit landfesten Ostseebereich umfaßte.

Oben auf den schräggestellten tertiären Schollen liegen diskordant die saaleeiszeitlichen Ablagerungen. Den Abschluß bilden die holozänen Dünen, deren Sande aus dem Limonitsandstein und dem Kaolinsand stammen.

Lage:

Von Morsum aus führt eine beschilderte Straße an das Naturschutzgebiet "Morsum-Kliff" heran. Vom Parkplatz aus auf einem Wanderweg durch die Dünen zum Kliff.

Literatur:

DEGENS, HILLMER & SPAETH 1984; MEIER 1987; SCHLENGER, PAFFEN & STEWIG 1969; STREMME & MENKE 1980.

Kreis: Nordfriesland	TK100: C1118	Punkt Nr.: 4

UTM: 32UMF956807 | Gauß-Krüger: r = 3 495600 h = 6082500

Süderlügumer Binnendünen

Beschreibung:

Die um die Jahrhundertwende unter Naturschutz gestellten Süderlügumer Binnendünen sind eine wohl im Spätglazial angelegte Flugsandakkumulation aus dem nördlich anschließenden Talsandergebiet der Wiedau. Die Niederung, aus der die Sande von Nordwest-Winden heraufgeweht wurden, liegt heute zum Teil auf dänischem Gebiet und wird von der Grönå bzw. Vidå (Wiedau) entwässert. Es handelt sich also auch hier um ein Binnendünenareal in typischer Randlage zwischen einer auswehbares Material liefernden, sandigen Niederung und einer flachen Altmoränenkuppe.

Die Dünen erreichen 7-8 Meter relativer Höhe; sie sind teilweise durch Strandhafer befestigt, der schon im 19. Jahrhundert hier eingesät wurde. Von ihren höchsten Punkten gewähren sie einen weiten Ausblick, besonders nach Norden in die breite Talsanderniederung der Vidå.

Die Dünen sind trotz der Befestigungsversuche teilweise noch (bzw. aufgrund von Vertritt wieder) in Bewegung. Durch die holozäne und neuzeitliche Überprägung bedingt, haben sich keine regelmäßigen Dünenformen erhalten können, falls solche hier überhaupt vorhanden waren. Insofern unterscheiden sie sich klar von den durch Vegetation festgelegten Parabeldünen im Gebiet unmittelbar nördlich der Soholmer Au.

Zum Themenkomplex Binnendünen auf der schleswiger Geest vgl. auch Punkte Nr. 6, 8 & 31.

Lage:

Straße von Süderlügum in Richtung Westre und Ladelund. Das Naturschutzgebiet "Süderlügumer Binnendünen" liegt nach etwa einem Kilometer links der Straße und beginnt dort, wo nach links ein Fahrweg abzweigt.

Literatur:

EMEIS 1954; JATHO 1969; SCHLENGER, PAFFEN & STEWIG 1969.

Kreis: Nordfriesland	TK100: C1514	Punkt Nr.: 5

UTM: 32UMF538675	Gauß-Krüger: r = 3 453800 h = 6069300

Hörnumer Odde: Küstenrückgang und Küstenschutz

Beschreibung:

An der Hörnumer Odde wurde die Küstenlinie zwischen 1870 und 1953 durch Küstenabbruch um maximal etwa 250 Meter nach Osten zurückverlegt. Gleichzeitig wurde aber auch die Odde weiter nach Süden in Richtung Amrumtief durch Sedimentanlagerung verlängert. Während jedoch der Küstenrückgang an der Westseite inzwischen weiter fortschritt und heute gar die Abtrennung der Odde von Sylt droht, konnte die Anlandung und damit die Verlängerung nach Süden nicht weiter voranschreiten. Das Amrum- bzw. Vortrapptief setzt dieser Entwicklung eine Grenze. Durch dieses tiefe Seegatt fließt der Gezeitenstrom im Tiderhythmus ein und aus, und zwar umso reißender, je enger der Durchlaß wird. Die Rinne zieht hart an der Südspitze Sylts entlang. Sediment, das mit dem küstenparallelen Transport in diese Rinne gelangt, geht der Insel Sylt endgültig verloren.

Im Jahre 1968 errichtete man als Küstenschutz hier u.a. eine 270 Meter lange Tetrapodenbuhne, die den südwärts gerichteten Sandtransport unterbrechen und den Sand zur Ablagerung bringen sollte. In der Folge hat sich der Strand nördlich der Buhne durch Luv-Akkumulation um 500 Meter verbreitert, südlich davon kam es jedoch seitdem durch Lee-Erosion zu Verlusten in einer Breite von 150-200 Metern. In jüngster Zeit wird der Strand hier um 8-25 Meter pro Jahr zurückverlegt. Der von der Tetrapodenbuhne an zurückspringende Küstenverlauf dokumentiert deutlich die Folgen dieses insgesamt fehlgeschlagenen Eingriffs in das morphodynamische Geschehen.

Lage:

Von Hörnum auf dem "Odde-Wai" nach Süden, dann nach Westen abbiegen zum Strand (Schild: "Strandsauna"). Informationen über Einschränkungen des Besucherverkehrs auf der Odde (aus Naturschutzgründen, neuerdings auch wegen der Seehundlagerplätze) sind beim naturkundlichen Informationszentrum der Schutzstation Wattenmeer in Hörnum einzuholen.

Literatur:

AHREND 1986; BESCH & KAMINSKE 1980; DEGENS, HILLMER & SPAETH 1984; GRIPP 1968.

| Kreis: Nordfriesland | TK100: C1518 | Punkt Nr.: 6 |

UTM: 32UMF992635 Gauß-Krüger: r = 3 499200 h = 6065300

Holozäne Übersandung einer alten Düne südlich Enge

Beschreibung:

Zwischen Enge-Sande (Ortsteil Enge) und der Soholmer Au ist an der Südwestecke eines kleinen Forstes eine flache, auf den ersten Blick unscheinbare Düne aufgeschlossen. Sie ist vermutlich im Spätpleistozän unter Periglazialbedingungen angelegt, später aber noch einmal übersandet und umgeformt worden. Ein mächtiger, fossiler Podsol markiert die alte Dünenoberfläche. Darüber ist jüngerer Flugsand aufgeweht, der durch einen sehr geringmächtigen, rezenten Podsol abgeschlossen wird. Wenn auch die Form nicht spektakulär ist, dokumentiert der Aufschluß doch einen typischen Ausschnitt aus der Landschaftsgeschichte der westschleswiger Geest. Im Holozän setzt hier aufgrund anthropogener Einflüsse die äolische (durch Wind bedingte) Überprägung erneut ein, nachdem die spätglaziale, natürliche Dünen- und Flugsanddeckenbildung infolge der nacheiszeitlichen Klimaverbesserung schon längst zum Abschluß gekommen war. Zu verstärkter Winderosion kam es immer dann, wenn die natürliche Vegetation zerstört (römische Kaiserzeit) oder die Landwirtschaft intensiviert wurde (z.B. Umbruch von Weideland für Hackfruchtanbau in diesem Jahrhundert). Flugsandbewegung gibt es hier bis heute hin. Sie stellt noch immer ein Problem für die Landwirtschaft dar, dem man mit der Anpflanzung von Windschutzhecken zu begegnen versucht. Entscheidend ist dafür neben den leichten, sandigen Böden das Klima mit dem Niederschlagsminimum zwischen Februar und April (wenn die Äcker nicht oder nur spärlich begrünt sind). Diese Periode wird dann besonders gefährlich, wenn bei geringer Luftfeuchtigkeit starke Winde (wie sie hier häufig sind) die Oberfläche der lockeren Sandböden austrocknen.

Vergleiche auch Punkte Nr. 4, 8, 14 & 31!

Lage:

Fahrweg in Enge an einem Gehöft nach Süden auf die Soholmer Au zu (für Busse befahrbar); nach etwa 1 km: Dünenaufschluß an der Südwest-Ecke eines kleinen Wäldchens.

Literatur:

FRÄNZLE 1987; HASSENPFLUG 1971; HASSENPFLUG 1972; IWERSEN 1953; IWERSEN 1955; JATHO 1969.

Kreis: Nordfriesland	TK100: C1514	Punkt Nr.: 7

UTM: 32UMF639618 | Gauß-Krüger: r = 3 463900 h = 6063600

Jungholozäne Flugsande bei Witsum auf Föhr

Beschreibung:

Die heute durch Vegetation festgelegten Binnendünen bei
Witsum sind, obwohl nicht spektakulär, eine Besonderheit
auf der sonst fast dünenfreien Insel Föhr. Am Nordwestaus-
gang des Dorfes gelegen, bilden sie zwei zusammenhängende,
West-Ost streichende Wälle von 250 bis 300 Metern Länge.
Die Dünensande erreichen maximal gut 2 Meter Stärke, täu-
schen aber größere Mächtigkeit vor, da sie saalezeitlichen
Moränen aufgesetzt sind.

Wie aus den Untersuchungen von JOHANNSEN (1960) hervorgeht,
sind die Witsumer Binnendünen jungen Alters, vermutlich aus
historischer Zeit. Ihre Entstehung ist anthropogen in-
duziert. Wie das Fehlen humoser Zwischenschichten und
selbst diffus verteilter humoser Bodenpartikel in den Sanden zeigt, sind sie innerhalb kurzer Zeit ohne nennenswerte
Unterbrechung aufgeweht worden. Als Nährgebiet kommt hier
nur die sandige Geest selbst infrage, die zur Bildungszeit
allerdings von der schützenden Boden- und Vegetationsdecke
entblößt gewesen sein muß. Die Ursache dafür wird die auch
unabhängig nachgewiesene Entnahme von Sand durch die Ein-
wohner sein, die auch hier offenbar zu Gruben im Mittelteil des Geländes geführt hat. Der Sand wurde als Streu auf
Dielen und in Ställe gebracht und anschließend, vermengt
mit Stallmist, als Plaggendüngung auf die ertragsarmen
Geestäcker verteilt. Eine über Jahrhunderte während Plag-
genwirtschaft konnte anhand eines weit verbreiteten, bis 1
Meter mächtigen, feinsandigen Plaggenhorizontes für die
Föhringer Geest wahrscheinlich gemacht werden.

Lage:

Die Binnendünen bei Witsum sind kein spektakuläres Objekt,
das allein den Besuch auf Föhr lohnte. Wer sich aber schon
auf der Insel befindet, wird vielleicht doch diesem Doku-
ment der jüngeren, anthropogen bedingten Landschaftsgeschichte einen kurzen Besuch abstatten wollen.

Literatur:

JOHANNSEN 1960; JOHANNSEN & STREMME 1954.

Kreis: Nordfriesland	TK100: C1518	Punkt Nr.: 8

UTM: 32UNF040614 Gauß-Krüger: r = 3 504000 h = 6063200

Lütjenholmer Heidedünen: spätglaziales Binnendünengebiet

Beschreibung:

Die Lütjenholmer Heidedünen an der Soholmer Au gehören zum größten Flugsand- und Dünengebiet der schleswiger Geest, das sich zwischen den Altmoränen der Lecker und der Bredstedter Geest befindet. Dessen Westgrenze wird durch die holozäne Marsch, die Ostgrenze wohl durch die zum weichselzeitlichen Eisrand hin grobkörniger werdenden, daher nicht auswehbaren Sanderablagerungen bestimmt. Die Entstehung dieses ausgedehnten Sandgebietes ist offensichtlich durch die Sanderschüttung des Flensburger Kegelsanders bedingt, durch die über weite Flächen abgelagerte unverfestigte Fein- und Mittelsande zur Verfügung standen, die bei hohen Windgeschwindigkeiten verfrachtet werden konnten. Hinzu kam, daß nach dem Trockenfallen der Sander die kleineren Nachfolgegerinne zunächst noch unter periglazialen Klimabedingungen (Permafrost, stark wechselnde Wasserführung, geringe Vegetationsdecke) durch Umlagerung ständig auswehbares feinkörniges Material zur Verfügung stellten.

Die spätglazialen Dünen, die wie auch hier häufig zu Bogen- und Parabeldünenfeldern zusammentreten (auch Einzelformen kommen vor), wurden im Holozän zum Teil erneut in Bewegung gesetzt und überformt - wohl vor allem durch die mit starkem Holzeinschlag verbundene römisch-kaiserzeitliche Verhüttung von Raseneisenerzen und in der Neuzeit durch die stark ausgeweitete, waldzerstörende Landwirtschaft.

Weitere Dünenfelder oder Einzeldünen, die insgesamt das Landschaftsbild dieser Region stark prägen, werden unter Nr. 4, 6 und 31 behandelt.

Lage:

Von der Straße Lütjenholm-Goldelund nach Norden in den Weg "Na de Heide" einbiegen, geradeaus bis zum Schild "Durchfahrt verboten"; von dort zu Fuß etwa 1 Kilometer nach Norden ins Naturschutzgebiet; dort Wandermöglichkeit.

Literatur:

DIETZ 1953; FRÄNZLE 1987; JATHO 1969.

Kreis: Nordfriesland	TK100: C1514	Punkt Nr.: 9

UTM: 32UMF566607	Gauß-Krüger: r = 3 456600 h = 6062500

Amrumer Odde: überdüntes Nehrungssystem

Beschreibung:

Vom Risumer Deich überblickt man die Norddorfer Marsch.
Dies ist eine Stelle, an der mehrfach die Abtrennung der
Amrumer Nordspitze durch Meereseinbruch zu befürchten war.
Bei Sturmfluten 1825 und 1850 brach die Dünenkette, und die
See überflutete von Westen her die Marsch. Die Deichbauten
der Jahre 1913 (Westseite) und 1935 bzw. 1962 (Ostseite)
schützen heute die Risumer Marsch. Auch an einer weiter
nördlich gelegenen Engstelle, dort wo das Naturschutzgebiet
der Odde beginnt, mußte nach einem Durchbruch ein kurzes
Deichstück errichtet werden (1955).

Die Dünen der Odde sitzen auf einem System von insgesamt 6
Nehrungshaken auf. Die von GRIPP (1968) beschriebenen Haken
haben west-östlichen, im äußersten Norden südwest-nordöst-
lichen Verlauf. Diese Haken hatten zur Entstehungszeit
ihren jeweiligen Aufhängepunkt am weiter im Südwesten gelegenen äußeren Ende des Norddorfer Geestkerns. Aufgrund
ständigen Küstenabbruchs blieben hier im Norden nur die
äußersten Enden der Nehrungshaken übrig. Auf ihnen bildeten
sich die über 20 Meter Höhe erreichenden Dünen. Die Nord-
wanderung des Kniepsandes bis hierher ist ganz jungen
Datums. Möglicherweise hat sich die Risumer Marsch im
Schutz der Nehrungshaken bilden können. Der im Bereich der
Odde steinreiche Grund legt die Vermutung nahe, daß die
Nehrungshaken sich ihrerseits auf einem zuvor abgetragenen
Geestkern entwickelt haben.

Vergleiche auch Punkt Nr. 16!

Lage:

Von Norddorf zur Strandhalle, über den Deich nach Norden,
über den Kniepsand zur Odde. Die Nordspitze Amrums darf in
der Zeit von April bis August aus Brutschutzgründen nur an
der Wasserlinie umwandert werden. Die Dünen sind zu meiden.
Die Einhaltung dieser Regel wird überwacht. Die Länge der
Rundwanderung beträgt etwa 8 Kilometer.

Literatur:

GRIPP 1968; MEIER 1987; QUEDENS 1984; REMDE 1972;
VOIGT 1964.

Kreis: Nordfriesland	TK100: C1514	Punkt Nr.: 10

UTM: 32UMF657599	Gauß-Krüger: r = 3 465700 h = 6061700

Goting-Kliff: Aufschluß im saalezeitlichen Geestkern Föhrs

Beschreibung:

Die Insel Föhr besteht zu 60% aus Marschland und zu 40% aus Geestgebieten; letztere sind in mehrere unterschiedlich große Geestkerne gegliedert. Am aktiven Gotinger Küstenkliff findet man den einzigen größeren Aufschluß in der Föhringer Geest. Das Kliff erreicht eine Sprunghöhe von nahezu 9 Metern und ist etwa 1,7 Kilometer lang. In ihm ist ein tief verwitterter und entkalkter Geschiebelehm der Saaleeiszeit angeschnitten. Nur im untersten Bereich kann bei günstigen Aufschlußverhältnissen ein weniger verwitterter, dunkler Geschiebemergel beobachtet werden. Geschiebemergel wurde auch in historischer Zeit in den unfruchtbaren Föhringer Geestgebieten zur Bodenverbesserung auf Ackerland eingesetzt. Das Hangende des Kliffs bildet ein bis zu einem Meter mächtiger Geschiebedecksand, in dem durch kryoturbate Verwürgung während des Weichselglazials Flugsand mit der unterlagernden Moräne vermengt wurde.

Die Saalemoräne am Goting-Kliff enthält zahlreiche Geschiebe (Findlinge) unterschiedlicher Größe. Man kann hier eine Reihe von Leitgeschieben finden, u.a. Rhombenporphyr aus Norwegen, schwedischen Smålandgranit und Rapakiwigranit aus Finnland. Auch der anschließende Meeresboden, der sog. "Nordmanngrund", ist von Findlingen übersät. Hier reichte die Geest ehemals weiter nach Süden. Sie fiel der Meeresabrasion zum Opfer. Etwa 500 Meter südlich Goting-Kliff wurden Reste eines untergegangenen Waldes gefunden. Auch schriftliche Quellen und alte Karten belegen einen erheblichen Landverlust, der bei den großen Sturmfluten von 1362 und 1634 besonders stark war. Dieser betraf allerdings zum geringeren Teil den Geestkern der Inseln und mehr die in Nordfriesland instabilen Marschgebiete über Moor im Untergrund.

Lage:

In Goting auf dem Fahrweg/Fußweg in südlicher Richtung bis zum Küstenkliff; Strandwanderung möglich.

Literatur:

HANSEN & HANSEN 1971; MÜLLER & FISCHER 1937; QUEDENS 1987.

Kreis: Nordfriesland	TK100: C1514	Punkt Nr.: 11

UTM: 32UMF565574 | Gauß-Krüger: r = 3 456500 h = 6059200

Küstendünen auf Amrum

Beschreibung:

Mit knapp 10 km² nehmen die Amrumer Dünen fast die Hälfte der Inselfläche ein. Sie erstrecken sich, mit einer kleinen Unterbrechung bei der Risum-Lücke nordwestlich Norddorfs, über 15 Kilometer entlang der Westküste. Die Dünen liegen weit überwiegend auf dem saaleeiszeitlichen, vor allem aus Schmelzwassersanden bestehenden Geestkern der Insel. An dessen Westseite hatte sich vor Anlagerung des Kniepsandes durch Meeresabrasion ein Kliff gebildet ("Litorina-Kliff"), das heute über weite Strecken von Dünensand verhüllt ist. Im Bereich südlich des Quermarkenfeuers kann es an der Nahtstelle zwischen Kniepsand und Dünen noch beobachtet werden.

Das Alter der Amrumer Dünen kann aufgrund der zahlreichen vor- und frühgeschichtlichen Funde, die in Dünentälern freigeweht wurden, bestimmt werden. Die Funde reichen vom Neolithikum (Megalithgrab nördlich der Vogelkoje) über die Bronze- und Eisenzeit bis in die Wikingerzeit (Gräberfeld im Skalnastal) und das Mittelalter. Gräber, Hausgrundrisse und Ackerbeete zeigen an, daß auch dieser Teil des Geestkerns vor der Überdünung besiedelt und landwirtschaftlich genutzt war. Die jüngsten Funde datieren dabei den Beginn der Dünenbildung. Dieser liegt sicher nach der Wikingerzeit, z.T. wohl sogar erst nach dem 14. Jahrhundert. Heute sind die Amrumer Dünen bis auf wenige Ausnahmen durch Vegetation festgelegt. Schon im 18. Jahrhundert begann man damit, in der Nähe der versandungsgefährdeten Ortschaften den Sandflug durch Anpflanzungen zu stoppen, was im Laufe der Zeit auch gelungen ist.

Vergleiche auch Punkt Nr. 16!

Lage:

Siedlungsreste im Dünenareal in der Umgebung der Vogelkoje; Überblicksmöglichkeiten von den verschiedenen "Aussichtsdünen".

Literatur:

GRIPP 1968; MEIER 1987; QUEDENS 1967; QUEDENS 1984; VOIGT 1964.

Kreis: Nordfriesland	TK100: C1518	Punkt Nr.: 12

UTM: 32UMF893563 | Gauß-Krüger: r = 3 489300 h = 6058100

Süddeich des Ockholmer Kooges: Probleme der alten Marsch

Beschreibung:

Der Ockholmer Koog ist aus einer alten Hallig hervorgegangen, die in der ersten Hälfte des 16. Jahrhunderts eingedeicht wurde; anders als in den neueren Kögen, stehen hier die Gehöfte deshalb noch auf Warften. Der Koog ist ein typisches Beispiel für die alte Marsch und kontrastiert in vielen Merkmalen stark mit dem südlich benachbarten, erst 1924-26 bedeichten Sönke-Nissen-Koog. Entwässerungsgräben und Straßen haben zum Teil einen unregelmäßigen Verlauf, da sie stellenweise an alten Prielen orientiert sind. Im Südwesten des Kooges finden sich unmittelbar hinter dem Deich drei Wehlen: als wassergefüllte Auskolkungen an Deichbruchstellen Zeugen für die häufigen Sturmflutschäden (u.a. sind zwischen 1593 und 1662 fünf Deichbrüche in 70 Jahren überliefert).

Die alte Marsch Ockholms wird, wie auch sonst die alten Köge Nordfrieslands, v.a. als Grünland genutzt, da der Boden kaum ackerfähig ist. Die Oberfläche des Kooges liegt mit 0,2 m ü.NN knapp zwei Meter unter der des Sönke-Nissen-Kooges. Die Ursachen hierfür sind unterschiedliche Sedimentationsbedingungen, postsedimentäre Sackung und die Bodenbildungsprozesse, die zur Entstehung der Knickmarsch führen: Nach der Entkalkung kann durch Tonverlagerung ein schwerer, tonig verdichteter, im trockenen Zustand sehr harter Knickhorizont gebildet werden, der sich auf das Wachstum der Pflanzenwurzeln, die Feuchteverhältnisse und die Bearbeitbarkeit negativ auswirkt. Zum Teil ist der Knickhorizont aber auch schon sedimentär angelegt. Deshalb ist die alte Marsch Nordfrieslands oft eine typische "Grünlandmarsch".

Lage:

Straße vom Sönke-Nissen-Koog zum Ockholmer Koog; auf dem Deich zwischen den beiden Kögen zu Fuß etwa 200 Meter nach Westen. Von hier aus hat man gute Vergleichsmöglichkeiten für den Unterschied zwischen einem alten und einem neuen Koog.

Literatur:

BÄHR 1987; DEGN & MUUSS 1966; DEGN & MUUSS 1974; DIETZ 1953; FRÄNZLE 1987.

Kreis: Nordfriesland	TK100: C1518	Punkt Nr.: 13

UTM: 32UMF946561	Gauß-Krüger: r = 3 494600 h = 6057900

Mächtige Raseneisenerz-Lagerstätte bei Büttjebüllund

Beschreibung:

Bei Büttjebüllund ist eines der mächtigsten bis heute bekannt gewordenen Raseneisenerz-Vorkommen der schleswiger
Geest aufgeschlossen. Es handelt sich um einen 80-120 cm
starken, auf mehr als 1000 Quadratmetern durchgehenden
Eisenoxidpanzer unter (heute weitgehend abgebauten) Dünensanden am Nordwest-Abhang des Stollberges.

Raseneisenerz bildet sich in Podsol-Gley-Gebieten mit hohem
Eisengehalt des Grundwassers. Das Eisen wird in den Bleich-
horizonten der Podsole bei niedrigem pH-Wert mobilisiert
und kann mit dem Hangzugwasser lateral zum Grundwasser der
Gleye (mineralische Naßböden) transportiert werden. Hier
kommt es zur Immobilisierung und allmählichen Anreicherung
an der Grenze zwischen dem (unteren) reduzierten G_r-Hori-
zont und dem (oberen) oxidierten G_o-Horizont. Solche Bedingungen sind auf der schleswiger Geest mit ihrem Wechsel
von oft flugsandbedeckten Altmoränenkuppen (Podsole) und
niedrig gelegenen Talsandflächen (Gleye) häufig gegeben.

Die ergiebigeren und bekannten Raseneisenerzvorkommen in
dieser Region wurden, v.a. in Krisenperioden, bis in die
Zeit nach dem zweiten Weltkrieg abgebaut und zur Verhüttung
von Schafflund aus nach Lübeck und ins Ruhrgebiet gelie-
fert. Der Eisengehalt kann 50 Prozent und mehr betragen.

In vor- und frühgeschichtlicher Zeit stellten die auch
damals schon bekannten Raseneisenerzvorkommen die wesent-
liche Rohstoffquelle für die Eisenverhüttung dar (vgl.
hierzu Punkt Nr. 14: Kammberg in Joldelund).

Lage:

Fahrweg vom Stollberg in Richtung Büttjebüllund. Das Raseneisenerz-Vorkommen befindet sich etwa 300 Meter vor Büttjebüllund links der Straße in einem unregelmäßig-kleinkup-
pigen, eingezäunten Gelände (als Weide genutzt).

Literatur:

DIETZ 1953; FIEGE 1950; FRAHM 1980; RIEDEL 1980;
WERNER 1951.

Kreis: Nordfriesland	TK100: C1518	Punkt Nr.: 14

UTM: 32UNF084555	Gauß-Krüger: r = 3 508 400 h = 6057300

Vorgeschichtliche Eisenverhüttung am Kammberg bei Joldelund

Beschreibung:

Am Joldelunder Kammberg kann man besonders anschaulich studieren, wie die physische Landesnatur auch die Kulturland-
schaft nachhaltig beeinflußt hat - und umgekehrt. In einem
Binnendünenareal, das erst vor 50 Jahren aufgeforstet wurde
und vorher Heidevegetation trug, wurden zahlreiche eisen-
zeitliche Verhüttungsöfen gefunden; um den Kammberg waren
es mehr als 200. Hohlspuren im flachkuppigen Dünengelände
verweisen noch heute auf Verbindungs- und Wirtschaftswege
dieses vorgeschichtlichen Verhüttungsbezirkes. Solche
Verhüttungsstellen und -bezirke aus der Zeit zwischen Chr.
Geb. und 500 n. Chr. gibt es an vielen Orten auf der
schleswiger Geest. Sie liegen oft in der Nähe von Raseneisenerzvorkommen, aus denen der Rohstoff stammte. Die sog.
Rennfeueröfen bestanden meist aus 80-100 cm breiten und
tiefen Erdgruben, in denen man die unverwertbaren Überreste
des Produktionsprozesses findet: feste, poröse, schwere
Schlackenstücke von bleigrauer Farbe und bizarrer Form.
Das notwendige Brennmaterial muß in unmittelbarar Nähe gewonnen worden sein. Möglicherweise hat auch hier am Kammberg eine damit einhergehende Entwaldung der Altmoränenkuppe zur Wiederbelebung der Sandverwehung mit Dünenbildung
geführt. Die Kupstendünen (Initialform der Dünenbildung)
sollen hier in der Zeit um Christi Geburt entstanden sein.

Hinweis: Ein mächtiges Raseneisenerzvorkommen ist bei Büttjebüllund zu besichtigen (vgl. Punkt Nr. 13).

Lage:

In Joldelund Richtung Högel fahren; Straße "Na de Schweiz",
"Waldlehrpfad" ausgeschildert; Parkplatz mit Hinweistafeln
auf vorgeschichtliche Fundstellen am nördlichen Rand des
Erholungswaldes Joldelund ("Joldelunder Schweiz").

Möglichkeiten zur Rundwanderung auf dem Waldlehrpfad; unter
anderem sind Bodenprofile (Podsole) im Dünensand offenge-
halten und zu besichtigen.

Literatur:

FIEGE 1950; HINGST 1955; HINGST 1983; RIEDEL 1980;
WERNER 1951.

Kreis: Nordfriesland	TK100: C1514	Punkt Nr.: 15

UTM: 32UMF960553 Gauß-Krüger: r = 3 496000 h = 6057100

Stollberg: Altmoräne; Blick auf Bredstedter Köge und Watt

Beschreibung:

Der Bredstedter Altmoränenkomplex erreicht im Stollberg 44
Meter Höhe. Er ist im Untergrund wesentlich durch drenthe-
zeitliche (Alt-Saale) Stauchung und Verschuppung geprägt.
In Tiefbohrungen wurde erkannt, daß diese bis in 125 Meter
Tiefe reichen und infolgedessen auch das Tertiär erfaßt
haben. Darüber folgen als Deckschichten Vorschüttsander
bzw. die nur lückenhaft verbreitete Grundmoräne des mittel-
saalezeitlichen Eisvorstoßes. Diese ist jedoch aufgrund von
Auswaschungsvorgängen oft nur als Steinsohle oder in Form
von Geschiebedecksand erkennbar.

Vom Stollberg überblickt man die Bredstedter Köge: Der alte
Bordelumer Koog (1489 bedeicht) wird wegen seiner tiefen
Lage und der Verdichtung des alten Marschbodens ("Knick")
ausschließlich als Grünland genutzt. Der 1788 eingedeichte
Reußenkoog hat weniger degradierte bzw. teilweise verbes-
serte Böden und zeigt sowohl Grünland- als auch Ackernutzung. Dagegen wird der aus höchstwertiger Jungmarsch aufge-
baute und 1924-26 bedeichte und planmäßig besiedelte Sönke-
Nissen-Koog rein ackerbaulich genutzt. So spiegelt die ge-
schilderte Nutzungsabfolge (von Ost nach West) einerseits
die im Laufe der Bedeichungsgeschichte erreichten Fort-
schritte, andererseits die Probleme der Bodendegradation in
der alten Marsch.

Zur Knickbildung in alter Marsch vgl. Punkt Nr. 12!

Lage:

Von der Bundesstraße 5 auf dem Stollberg (ausgeschildert, 3
Kilometer nördlich Bredstedt) etwa 400 Meter auf dem
Fahrweg in Richtung Westen, dann links abbiegen auf den
Fahrweg Richtung Süden; dort am Westabhang des Stollberges
guter Überblick über die Bredstedter Marsch und das Watten-
meer mit Halligen und Inseln. Bei guter Sicht sind Föhr,
Oland, Amrum, Langeneß, Gröde, Habel, Hooge, Pellworm und
Nordstrand zu erkennen.

Literatur:

DEGN & MUUSS 1966; DEGN & MUUS 1974; DIETZ 1953;
FRÄNZLE 1987; RIEDEL 1978.

Kreis: Nordfriesland	TK100: C1514	Punkt Nr.: 16

UTM: 32UMF584542	Gauß-Krüger: r = 3 458400 h = 6056000

Kniepsand auf Amrum: ein ehemaliger Außensand

Beschreibung:

Der bis zu 1,5 Kilometer breite Kniepsand ist der jüngste und zugleich veränderlichste Teil Amrums. Entstehungsgeschichtlich ist er nicht mit der Geestinsel verknüpft. Es handelt sich bei ihm um einen ehemaligen Außensand der Nordsee, der sich erst in diesem Jahrtausend im Zuge einer Ostwanderung unter ständiger Umgestaltung an der Westküste Amrums angelagert hat.

Aus historischen Karten kann man die vergleichsweise starke Dynamik der Veränderungen ablesen. Die älteste Karte von 1585 ist noch unzuverlässig; sie deutet einen z.T. quer zur Küste verlaufenden Sand an. Im 19. Jahrhundert entwickelt er sich zu einem nehrungsartigen, nach Nordosten offenen Bogen, der im Bereich zwischen Wriak-Hörn und der Satteldüne Küstenkontakt hatte und nach Nordwest, Nord und dann Nordost umbiegt. Zwischen ihm und der Amrumer Westküste nördlich der Satteldüne bleibt zunächst ein haffartiges Becken offen, das immerhin Seeschiffen als natürlicher Hafen dienen konnte. Dieser "Kniephafen" wurde aber im Zuge der weiteren, rasch ablaufenden Entwicklung vollständig mit Flugsand verfüllt. Gleichzeitig verlängerte sich der Kniepsand nach Nordosten bis zur Odde und nach Südosten.

Nur bei Sturmflut wird der Kniepsand überspült. Der enorme Materialtransport, der allgemein in der Deutschen Bucht zur Bildung und Verlagerung der Außensände führt, findet aufgrund der dann tiefgehenden Wellen ebenfalls überwiegend bei Sturmfluten statt. Als Ursprungsgebiet für den Kniepsand kommt der sandige, flache Seegrund westlich von Amrum infrage, der vom Vortrapptief zerschnitten wird. Noch bei mittlerem Hochwasser ragen dort die Seehundsbänke aus dem Meer heraus.

Lage:

Aussicht von der Plattform des Leuchtturms (nur während der Sommermonate zugänglich); Kniepsandwanderung.

Literatur:

QUEDENS 1984; REMDE 1972; VOIGT 1964.

```
Kreis: Nordfriesland        TK100: C1518   Punkt Nr.:  17

UTM: 32UNF092531   Gauß-Krüger:  r = 3 509200   h = 6054900

Kryoturbationen in wartheeiszeitlichem Sanderaufschluß
```

Beschreibung:

In der Kiesgrube Kolkerheide werden wartheeiszeitliche
Schmelzwassersande abgebaut. In den Grubenwänden sind Kryo-
turbationserscheinungen aufgeschlossen, die hier während
des Weichselglazials unter periglazialen Klimabedingungen
entstanden. Kryoturbationen sind Schichtenstörungen, die
durch deutliche Verwulstungen gekennzeichnet sind. Diese
greifen meist taschen-, sack-, kessel-, tropfenförmig oder
ähnlich gestaltet in den aus geschichtetem Sand oder Kies
bestehenden Untergrund ein. Solche als Brodel-, Würge- oder
Taschenböden bezeichneten, kryoturbat gestörten Ablagerungen sind die typischen fossilen Strukturböden im schleswig-
holsteinischen Altmoränengebiet. Häufig sieht man Sand-
kessel oder zwiebelförmige Sandmulden, die von zwei auf-
wärts gerichteten Geschiebemauern umfaßt sind; in diesen
sind die einzelnen Steine dem Bewegungsgang entsprechend
orientiert (plattige Geschiebe kantengestellt und dabei
auch parallel zu den Wänden des Sandtopfes eingeregelt).

Solche Strukturböden, in denen die ursprüngliche Sediment-
schichtung verwürgt ist, entstehen, wenn sich im Periglazialklima die Frostfronten infolge unterschiedlicher Ein-
friertemperatur, verschiedener Korngrößen und Wassergehalte
unterschiedlich schnell schließen. Durch das unterschiedliche Einfrieren entstehen Drucke und Spannungen, die durch
Massenverlagerung ausgeglichen werden. Die untere Frostfront bildet die Permafrostoberfläche im Untergrund. Die
obere Frostfront dringt im Herbst beim Wiedergefrieren von
oben in den im Sommer oberflächlich aufgetauten Boden ein.
Ein dazwischen eingeschlossener Talik (Ungefrorenes, von
gefrorenem Boden umgeben) wird dabei aufgrund der frost-
bedingten Volumenausdehnung des Wassers erheblichem Druck
ausgesetzt.

Lage:

Landstraße von Kolkerheide in Richtung Löwenstedt. Nach ca.
einem Kilometer liegt die Kiesgrube links der Straße.

Literatur:

DÜCKER 1954; FRÄNZLE 1987; WEISE 1983.

Kreis: Nordfriesland	TK100: C1518	Punkt Nr.: 18

UTM: 32UMF916522 | Gauß-Krüger: r = 3 491600 h = 6054000

Hamburger Hallig: Landgewinnung und Küstenschutz

Beschreibung:

Die Hamburger Hallig erhielt als erste der schleswig-holsteinischen Halligen ein Schutzwerk: 1859 wurden Lahnungen
von der Hallig und vom Festland aus errichtet, die ange-
sichts der schnell einsetzenden Schlickanlandung dann 1875
zu einem durchgehenden Faschinendamm ausgebaut wurden.
Seitdem ist die Hamburger Hallig mit dem Festland verbunden. Die Vorlandbildung schritt beiderseits des Dammes gut
voran. 1880/83 wurde die Westseite der Hallig wegen starken
Uferabbruchs (3,5-5 Meter pro Jahr) mit einem Steindeckwerk
geschützt.

Heute ist die Hamburger Hallig außer bei sehr hohen Fluten
mit dem Auto erreichbar. Dennoch hat sie nach wie vor die
wesentlichen Merkmale einer Hallig behalten: Da ein durch-
gehender Seedeich fehlt, ist sie nicht sturmflutsicher. Die
(einzige) Warft muß weiterhin ihren ursprünglichen Zweck
erfüllen: Mehrfach im Jahr geht die Hallig "Land unter".

Nur 2,5 km südlich vom Standort befindet sich die Anschluß-
stelle für die Vordeichung der Nordstrander Bucht. Ein
neuer, 8,9 km langer Deich verbindet die Nordspitze der
Marscheninsel Nordstrand mit dem Sönke-Nissen-Koog. Auch
dieses aus Naturschutzgründen nicht unumstrittene Vorhaben
verfolgt im wesentlichen zwei Ziele: Durch Verkürzung und
Verbesserung der Deichlinie dient es dem Küstenschutz.
Durch die Schaffung von Speicherbecken trägt es zur Verbesserung der Entwässerung im 290 km² großen Einzugsgebiet der
Arlau bei (vgl. Punkte Nr. 83 und 90).

Lage:

Von Wester-Bordelum zur Hamburger Hallig; Standort auf dem
Seedeich dort, wo der Verbindungsdamm ansetzt. Wandermöglichkeit zur Hallig und zurück (8 km); dabei Vorlandgewin-
nung durch Aufschlickung in Lahnungsfeldern zu beobachten.

Literatur:

BANTELMANN 1967; BÄHR 1987; MELF 1981; PETERSEN 1981;
QUEDENS 1975; WOHLENBERG 1969.

| UTM: 32UNF074460 | Gauß-Krüger: r = 3 507400   h = 6047800 |

Aufschluß Hoxtrup: Frostspalten unter Geschiebedecksand

Beschreibung:

In der Kiesgrube Hoxtrup ist ein saalezeitlicher Sander mit
überlagernder Moräne aufgeschlossen. Die Moräne ist großenteils kryoturbat zerstört und mit stellenweise auflagerndem
Flugsand zu Geschiebedecksand reduziert. Unterhalb des Geschiebedecksandes setzen sandgefüllte Eiskeilpseudomorphosen (Frostspalten) an. Die für das westschleswigsche Altmoränengebiet typischen Periglazialerscheinungen sind hier
hervorragend aufgeschlossen.

Eiskeilpseudomorphosen sind sichere Indizien für einen
tiefgründigen Permafrost, der sich hier während des
Weichselhochglazials unter einer vegetationslosen Frost-
schuttundra bildete. Durch Frostkontraktion kam es zum
Aufreißen von Spalten, die sich mit Schnee, Segregationseis, Sand oder im Sommer mit Schmelzwasser füllten und sich
so nicht wieder schließen konnten. Als fossile Formen sind
sie meist durch eingefüllten Sand konserviert.

Diese Vorgänge führten zur Ausbildung großflächig auftre-
tender Eiskeilnetze, wie sie rezent unter anderem heute auf
Spitzbergen und im arktischen Kanada zu finden sind. Auch
im schleswig-holsteinischen Altmoränengebiet haben sich
Reste als Polygonnetze von Eiskeilpseudomorphosen erhalten.
Diese fossilen Zeugen des Periglazialklimas kann man gut im
Luftbild erkennen, z.B. 10 km von hier entfernt bei Oster-
Ohrstedt, wo die Polygone einen Durchmesser von etwa 15 m
haben. Jüngst wurden sie auch hier bei Hoxtrup im Luftbild
erkannt (HASSENPFLUG 1988).
Vergleiche auch Punkte Nr. 17 und 85!

Lage:

Landstraße von Hoxtrup in Richtung Ahrenshöft. Nach etwa
einem Kilometer zweigt unmittelbar an einem Gehöft ein un-
befestigter Feldweg rechts ab. Dieser führt zur Kiesgrube.
In der Nähe gibt es weitere Kiesgruben. Sollte der Aufschluß nicht mehr zugänglich sein, können ähnliche Verhält-
nisse wie die hier beschriebenen möglicherweise auch in benachbarten Gruben zu finden sein.

Literatur:

DÜCKER 1954; FRÄNZLE 1987; HASSENPFLUG 1988;
JAKOB & LAMP 1980; PICARD 1965; WEISE 1983.

Kreis: Nordfriesland	TK100: C1518	Punkt Nr.: 20

UTM: 32UNF163315 Gauß-Krüger: r = 3 516300 h = 6033300

Wildes Moor bei Winnert: Typisches Geestrand-Hochmoor

Beschreibung:

Das Wilde Moor bei Winnert liegt 15 km südöstlich von Husum in einem Winkel, den ein nach Süden in die Flußmarsch der Treene vorstoßender Geestvorsprung (Schwabstedter Geestvorsprung) bildet. Es ist eines der in Nordwest-Deutschland häufigen Randmoore zwischen Geest und Marsch. Zwischen Winnertfeld und Wohlde im Sietland der Treeneniederung gelegen, hat es eine Ost-West-Erstreckung von 3,5 km und mißt in Nord-Süd-Richtung 2,5 km.

Wie aus der für dieses Gebiet vorliegenden Karte der Holozänmächtigkeit (SCHLÜTER 1977) hervorgeht, hat es sich in einer präholozänen Hohlform gebildet, die durch eine flache Schwelle vom Treenetal abgeriegelt ist. Die Mächtigkeit der nacheiszeitlichen Ablagerungen beträgt auf dieser Schwelle nur 2-3 Meter, während sie im Zentrum der Mulde 12 Meter erreicht.

Bei Bohrungen im Wilden Moor konnten keine marinen Ablagerungen gefunden werden. Über tonigen Schwemmlandbildungen der Treene (bei Flutstau abgelagert) folgen zunächst Erlenbruchwaldtorf und dann bis zur Oberfläche die typischen oligotrophen Hochmoortorfe. Der im Atlantikum beginnende, nacheiszeitliche Einfluß des steigenden Meeresspiegels hat also diese geschützte Bucht nicht erreicht. Marine Sedimente findet man treeneaufwärts nur in einem schmalen Saum entlang der Flußufer. Die Ausbildung der Lundener Nehrung und später ihrer nördlichen Fortsetzung, des Witzworter Standwalles, hat die zurückliegende Eider- und Treeneniederung weitgehend abgeriegelt und den marinen Verlandungsvorgang gehemmt. Stattdessen kam es hier in Geestrandlage zur organogenen Verlandung. Das zentrale, randlich von kultiviertem Niedermoor umgebene Hochmoor ist durch Torfabbau heute stark überprägt und als solches weitgehend zerstört.

Lage:

Fahrweg von Winnert nach Winnertfeld; auf der "Moorchaussee" ins Wilde Moor (südlich Winnertfeld).

Literatur:

DITTMER 1951; ERNST 1934; FISCHER 1958; SCHLÜTER 1977.

Kreis: Nordfriesland	TK100: C1914	Punkt Nr.: 21

UTM: 32UMF773260	Gauß-Krüger: r = 3 477300 h = 6027800

Salzmarsch und Sandwatt am Westerheversand

Beschreibung:

In der Tümlauer Bucht zwischen Westerhever und St. Peter Ording geht der Verlandungsvorgang, unterstützt durch die Anlage von Grüppen, Beeten und Lahnungsfeldern, rasch voran. Westerhever war bis 1437 eine Marscheninsel (1262 bedeicht), vom restlichen Eiderstedt durch einen Wattstrom getrennt (Knauel-Tief). Im Jahre 1437 wurde die Lücke durch einen neuen Koog geschlossen (Heverkoog bei Poppenbüll). Im Westen ist erst seit 1870 der Westerheversand neu "angewachsen". Anfangs war er eine Hallig, die ein breiter Priel vom Festland trennte (1887 durch einen Damm verbunden).

Bei Westerhever kann man bei Ebbe (und wenn keine Sturmflut herrscht) die Ablagerungen der Salzmarsch und des Sandwatts studieren. Zwischen Deich und Leuchtturmwarft passiert man die Vorlandböden der Salzmarsch aus schluffigem Ton bis feinsandigem Schluff; sie sind kalk- und salzhaltig. Die Bodenbildung hat begonnen, die Flächen tragen eine geschlossene Pflanzendecke und werden bei stärkeren Fluten überspült. Geht man weiter seewärts, so quert man einen schmalen, nur 200 bis 300 Meter breiten Gürtel von sandigem Vorlandboden, welcher, da er nur bei Sturmfluten überspült wird, nur schwach salzhaltig und teilweise entkalkt ist. Auch er trägt eine geschlossene Pflanzendecke. Anschließend folgt das Sandwatt aus schluffigem Feinsand bis Feinsand, auf dem vereinzelt Queller und Schlickgras zu finden sind. Es wird bei Flut regelmäßig überflutet.

Lage:

In Westerhever von der Kirche zum Seedeich bei Leikenhusen, im Vorland auf dem Pfad zum Leuchtturm und weiter seewärts ins Sandwatt.

Vorsicht: Tidenkalender studieren und Einheimische fragen! Auch Wetteränderungen mit plötzlichem Seenebel sind gefährlich!

Literatur:

DEGN & MUUSS 1975; ELWERT 1977; FISCHER 1956.

Kreis: Nordfriesland	TK100: C1914	Punkt Nr.: 22

UTM: 32UMF740187	Gauß-Krüger: r = 3 474000 h = 6020500

Bad St. Peter: Küstendünen und Sandbank (Hitzsand)

Beschreibung:

Zwischen Bad St. Peter und Ording bilden auf einer kurzen Strecke die Dünen den alleinigen Küstenschutz. Bei Sturmfluten kam es hier mehrfach zu Abbrüchen von mehreren Metern Breite und 1825 vorübergehend sogar zum Durchbruch. Aber der Dünensand bot in früheren Zeiten nicht nur Schutz, er wurde zeitweise auch selbst zur Gefahr für die Siedlung. So mußte die Vorgängerin der heutigen Kirche von Ording im 18. Jahrhundert wegen Sandverwehungen um 750 Meter nach Osten verlegt werden. Eine noch ältere (mittelalterliche) Vorgänger-Kirche lag sogar 1,5 Kilometer westlich der heutigen. Ihre Reste, wie auch die der zweiten Kirche, wurden bei Sturmfluten vollständig vernichtet.

Die Dünen erstrecken sich in einem mehr oder weniger schmalen Streifen von Ording bis Süderhöft. Sie erreichen maximal knapp 15 Meter ü. NN und wurden seit 1864 teilweise aufgeforstet. Dadurch konnte die Gefahr der Versandung der östlich anschließenden Marsch- und Siedlungsflächen weitgehend gestoppt werden.

Parallel zur seeseitigen Dünengrenze verläuft zunächst ein Sandvorland-Streifen mit geschlossener Pflanzendecke, der nur bei Sturmfluten überspült wird. Daran schließt sich niedriger gelegenes Sandwatt an, das bei Flut regelmäßig überspült wird. Auf der höher gelegenen Sandbank besteht das Sediment überwiegend aus Fein- bis Mittelsand mit Muschelschalen. Die Sandbank ist frei von Vegetation und wird nur bei höherer Flut überspült.

Lage:

Vom Bahnhof Bad St. Peter-Ording durch die Dünen nach Bad St. Peter; über den Deich auf den Weg nach Westen zur Sandbank. Wander- und Bademöglichkeiten auf der Sandbank. Vorsicht: Tidenkalender studieren und Einheimische fragen! Auch Wetteränderungen mit plötzlichem Seenebel sind gefährlich!

Literatur:

DEGN & MUUSS 1966; DEGN & MUUSS 1984; ELWERT 1977; FISCHER 1956; MUUSS & PETERSEN 1978.

Exkursionsziele im Kreis Schleswig-Flensburg

(Exkursions-Punkte 23–42)

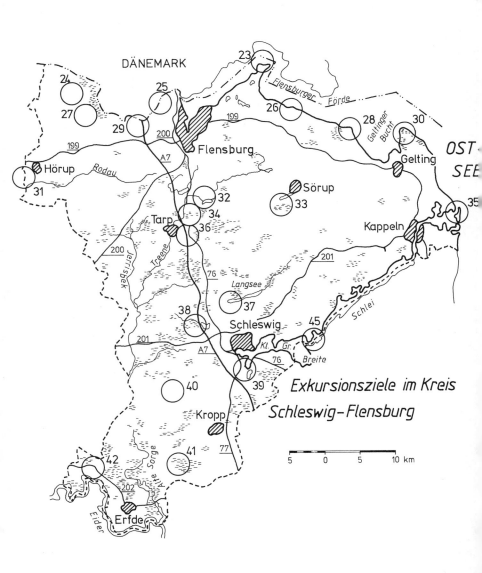

DÄNEMARK

Flensburger Förde

OST

SEE

199

A7
Flensburg

23

24

25

26

27

28 Geltinger Bucht

29

30

200

31
Hörup
Rodau

199

32

34
Tarp
36

Sörup
33

Gelting

35

201

200
Jerrisbek
Treene

76
Langsee

Kappeln

Schlei

37

38

Schleswig

45

201
A7

Kl. Gr.

76 Breite

40

39

Exkursionsziele im Kreis
Schleswig-Flensburg

Kropp

41

77

5   0   5   10 km

42

202

Alte Sorge

Eider

Erfde

Kreis: Schleswig-Flensburg	TK100: C1122	Punkt Nr.: 23

UTM: 32UNF386814   Gauß-Krüger: r = 3 538600   h = 6083200

Nordkliff Holnis: Aufschluß in Eisstausee-Sedimenten

Beschreibung:

An der Nordspitze der Halbinsel Holnis findet man, in einem aktiven Küstenkliff angeschnitten, einen etwa 20 Meter hohen Aufschluß in weichseleiszeitlichen Ablagerungen. Ungefähr in der Mitte dieser Aufschlußwand liegt ein mächtiges, domartig gewölbtes Schichtpaket von Schluff und Feinsand, das zu beiden Seiten hin unter Moränenmaterial abtaucht. In dem geschichteten, feinkörnigen Sediment sind stellenweise Rippelmarken zu erkennen.

Die hier aufgeschlossenen Ablagerungen gehören zu der Füllung eines ehemaligen Eisstausees, und zwar in Mündungsnähe eines Gerinnes, das glazifluviale Schmelzwässer in das Becken führte. In den Randbereichen von Eisstauseen findet man wie hier die gröberen Fraktionen der Beckensedimente (Schluff und Feinsand). Der von HANSEN (1940) beschriebene "Holnis-Eisstausee" gehörte zu einem System mehrerer solcher Becken im Bereich der Flensburger Förde, in der Umgebung von Egernsund (DK). Tonige Beckenablagerungen mit Warwenschichtung werden bei Egernsund am Nyböl Nor abgebaut (Ziegeleiton). Die Becken, deren drei größte der Egernsund-, der Iller- und der Holnis-Eisstausee waren, bildeten sich in einer Eiszerfallslandschaft und waren praktisch vollständig von Toteis umgeben. Aus der Höhenlage der Beckensedimente kann auf einen Eisstausee-Spiegel von 25 bis 29 Metern über heutigem NN geschlossen werden. Die Frage der Abflußrichtung dieses Systems ist dagegen nicht geklärt. Zu einem späteren Zeitpunkt wurde das Gebiet bei einem Gletschervorstoß erneut vom aktiven Eis überfahren. Dabei wurden die Beckensedimente gefaltet und aufgebogen und von einer unterschiedlich mächtigen Grundmoräne überdeckt.

Lage:

Am Ende der Straße nach Holnis befindet sich ein Parkplatz. Von hier aus gelangt man auf Fußwegen zum Nordkliff, am besten von dessen Westseite her.

Literatur:

HANSEN 1940; KÖSTER 1958; RIEDEL 1978.

Kreis: Schleswig-Flensburg	TK100: C1118	Punkt Nr.: 24

UTM: 32UNF113768 | Gauß-Krüger: r = 3 511300 h = 6078600

Aufschluß Böxlund: Paläoböden der Treene- und Eemwarmzeit

Beschreibung:

15 Kilometer westlich Flensburg, 3 Kilometer südlich der
dänischen Grenze ist bei Böxlund eine Kiesgrube in einen
etwa 50 m ü. NN erreichenden, wartheeiszeitlichen Stauch-
moränenzug (Stolz-Berg) eingeschnitten. Die Stauchung erfolgte vor allem aus östlicher bis nordöstlicher Richtung.

Im mittleren Abschnitt des westlichen Kiesgrubenrandes ist
eine mit geschichteten schluffigen, sandigen und kiesigen
Sedimenten aufgefüllte Mulde mit zwei fossilen Bodenkom-
plexen aufgeschlossen. Der obere Boden stammt aus der Eemwarmzeit; es ist ein etwa 90 cm mächtiger Podsol mit einem
A_h-E-B_s-Profil; einzelne Wurzelzapfen reichen bis zu 40 cm
tief in den B_s-Horizont. Der untere Boden wird in die sog.
Treenewarmzeit, die die Saaleeiszeit untergliedert, einge-
ordnet. Es handelt sich um einen tiefgründigen Podsol, dessen B_s-Horizont 2 Meter Mächtigkeit erreicht. Der E-Horizont ist (erosionsbedingt) nur in 20 cm Stärke erhalten,
zeigt aber bis zu 1 Meter tiefe Wurzeltöpfe.

Die Datierung der Böden beruht auf Geschiebezählungen des
Materials, in dem sie jeweils entwickelt sind (unten:
Drenthezeit, oben: Warthezeit). Aufgrund der Mächtigkeit
und Verwitterungsintensität des unteren Bodens geht man
davon aus, daß auch er unter echten Warmzeitbedingungen
entstanden ist. Demnach wäre nicht mehr vom Drenthe- und
Warthe-Stadial der Saaleeiszeit zu sprechen, sondern von
einer Abfolge Drentheeiszeit-Treenewarmzeit-Wartheeiszeit
auszugehen. Dagegen wurden allerdings auch Einwände erho-
ben, da in Schleswig-Holstein bislang keine Hinweise auf
eine Meerestransgression während der Treenewarmzeit gefunden wurden, eine echte Warmzeit aber immer mit einem Meeresspiegelanstieg verbunden sein muß.
Dieser wichtige Aufschluß in Böxlund ist heute vor weiterem
Abbau geschützt.

Lage:

Kiesgrube der Firma Hansen bei Böxlund zwischen Medelby und
der Grenzstraße.

Literatur:

FELIX-HENNINGSEN 1979, 1982, 1983; STREMME 1964;
STREMME & MENKE 1980.

Kreis: Schleswig-Flensburg	TK100: C1122	Punkt Nr.: 25
UTM: 32UNF245755	Gauß-Krüger: r = 3 524500 h = 6077300	
Weichseleiszeitliches Tunneltal bei Niehuus		

Beschreibung:

Am Ufer des Niehuuser Sees steht man am Grunde eines weichseleiszeitlichen Tunneltales. Es verläuft von Wassersleben
an der Flensburger Förde über Kupfermühle, Kruså, Smedeby,
östlich Bov nach Niehuus und endet etwa 500 Meter südwestlich des Niehuuser Sees. Das Tunneltal ist sehr deutlich,
mehr als 30 Meter tief, in die umgebenden Moränenhochflä-
chen eingeschnitten und hat einen markant bogenförmigen
Verlauf. In ihm liegen die Hohlformen des Niehuuser Sees
und des Mölleso bei Smedeby sowie weitere, heute verlandete
Senken. Das mächtige Tal wird heute in umgekehrter Fließrichtung von der kleinen Krusau, die bei Wassersleben in
die Flensburger Förde mündet, benutzt.

Tunneltäler werden durch das unter dem Gletschereis fliess-
ende Schmelzwasser, das zeitweise auch unter hydrostati-
schem Druck stehen kann, erodiert. Häufig ist aber auch Exaration (Gletschererosion durch Eisschurf) an der Eintiefung und Ausformung von Tunneltälern beteiligt, da durch
Eisdruck und Gewicht des Gletschers Eis in den Tunnel ge-
preßt wird. Das subglaziale Schmelzwasser muß sich dann
unter dem Eis tiefer einschneiden oder einen neuen, parallelen Tunnel suchen.

Das Gletschertor, an dem die Schmelzwässer austraten, lag
dort, wo heute das Padborger Zollamt steht; von hier wurden
Teile des Flensburger Kegelsanders nach Westen hin aufgeschüttet. Die Hohlform des Tunneltales wurde durch Toteis
konserviert. Als die letzten Toteisreste im Untergrund zu
Beginn des Atlantikums schmolzen, schützte bereits eine
Vegetationsdecke die Oberfläche vor stärkerer Erosion und
verhinderte so die Verfüllung der Talung.

Lage:

Den Niehuuser See erreicht man, wenn man von Harrislee oder
der Flensburger Nordstadt (Bau'er Landstraße) nach Niehuus
fährt. Auf der Straße zwischen Bov und Smedeby (DK) hat man
das tief eingeschnittene Tunneltal sichtbar rechterhand.

Literatur:

GRIPP 1954; GRIPP 1964; RIEDEL 1978; SCHRÖDER 1977.

Kreis: Schleswig-Flensburg	TK100: C1122	Punkt Nr.: 26

UTM: 32UNF427755 Gauß-Krüger: r = 3 542700 h = 6077300

Strandwallfächer im Mündungsgebiet der Langballigau

Beschreibung:

Das hohe Ufer der Flensburger Außenförde wird bei Langballigau, wie auch an anderen Stellen, von der Seitenmoräne des weichseleiszeitlichen Flensburger-Förde-Gletscherlobus gebildet. In ihr entstanden durch die Meeresabrasion Küstenkliffs, die jedoch heute hier großenteils als fossile Kliffs inaktiv, also nicht in Weiterbildung begriffen und mit Wald bewachsen sind (auf beiden Talseiten des Mündungstrichters der Langballigau). Vor weiterem Abbruch wurden sie durch den Aufbau eines Nehrungssystems vor der Mündung der Langballigautalung geschützt. Der Ansatzpunkt der Nehrungshaken lag jeweils am Kliff vor Westerholz, das ehemals weiter in die Förde hinausreichte. Die Nehrungen wurden strömungsbedingt nach Nordwesten vorgebaut und bogen dann nach Westsüdwest ein. Bei fortschreitendem Meeresspiegelanstieg wurden im Zuge des Kliffrückgangs auch die östlichen Teile der Nehrungshaken wieder ausgeräumt und landeinwärts zurückverlegt. Die westlichen, nach Westsüdwest einbiegenden Hakenenden blieben erhalten und bilden heute die stellenweise vermoorte Strandwall-Landschaft von Langballigau. Da auf diesem Strandwallfächer ein vor- und frühgeschichtliches Gräberfeld ausgegraben werden konnte, lassen sich die Entstehung des Höftlandes und mit ihr der Verlauf der Meeresspiegelschwankungen datieren. Die älteren Strandwälle wie auch wieder die jüngsten liegen etwa 50 cm höher als eine mittlere Gruppe, die durch wikingerzeitliche Gräber in die Zeit um 800-1000 n. Chr. datiert wird. Bis zur Zeitenwende stieg der Ostseespiegel, fiel dann bis etwa 1000 n. Chr. um knapp einen Meter ab und erreichte bis heute wieder den Stand von vor 2000 Jahren.

Lage:

Parkplätze in Langballigau auf der Nehrung zwischen Hafengebäuden und Campingplatz. Strandwanderung; Bademöglichkeit. Einen Überblick bekommt man, wenn man die Straße von Westerholz hinab nach Langballigau fährt.

Literatur:

KÖSTER 1958; MÜLLER-WILLE & VOSS 1973; VOSS 1973; VOSS 1986.

Kreis: Schleswig-Flensburg	TK100: C1118	Punkt Nr. : 27

UTM: 32UNF136734	Gauß-Krüger: r = 3 513600	h = 6075200

Lundtop: Altmoränenkuppe mit Primärwaldrest (Eichenkratt)

Beschreibung:

Der Lundtop in der Gemarkung Osterby erreicht 54 m ü. NN
und bietet eine gute Aussicht nach Norden und Osten über
benachbarte Altmöränen, weichselzeitliche Sanderflächen,
das Naturschutzgebiet Jardelunder Moor und nach Osten bis
zum weichselzeitlichen Eisrand. Der Lundtop ist eine saalezeitliche Altmoräne, die einen sog. Primärwaldrest trägt.

Die Böden sind nur leicht podsolierte Braunerden auf entkalkter sandiger Möräne bzw. Geschiebedecksand. Auf dem
gleichen Substrat haben sich in der nahen Umgebung dagegen
typische Podsole mit Ortsteinhorizont entwickelt, die nur
die mit Eichenkratt bewachsene Kuppe des Lundtops ausspa-
ren. Insofern ist der Lundtop ein interessantes land-
schaftsgeschichtliches Studienobjekt; offenbar ist er nie
entwaldet oder beackert gewesen. In seiner Umgebung dagegen hat eine anthropogen bedingte Verheidung mit späterer
Ackernutzung zu einer Weiterentwicklung von der Braunerde
zum Podsol mit Ortstein geführt. Das kann auch ohne Bohr-
stock an hochgepflügtem, aschfahlem Bleicherdematerial (E-
Horizont) und rostrotem Ortstein erkannt werden.

Das urwüchsig wirkende Eichenkratt ist unter Naturschutz
gestellt. Es zeichnet sich durch Stiel- und Traubeneichen
und eine reich entwickelte Kraut- und Strauchschicht aus.
Da es heute nicht mehr als Bauernwald bewirtschaftet wird,
wächst es zunehmend zum naturnäheren Eichenhochwald durch.
Am exponierten Westabhang des Lundtop ist starke Windschur
zu beobachten, die dieses Durchwachsen dort verhindert.

Lage:

Vom nördlichen Ortsausgang Medelby auf dem Fahrweg etwa 2
Kilometer nach Osten, auf die Grenzstraße zu; an einer
Hausgruppe nach rechts (Süden) auf einen Feld- bzw. Wald-
weg abbiegen, der über den Lundtop hinüberführt; nach etwa
600 Metern wird das Eichenkratt erreicht. Der Weg ist für
Busse nicht geeignet.

Literatur:

PROBST & RIEDEL 1978; RIEDEL 1978;
RIEDEL & POLENSKY 1986.

Kreis: Schleswig-Flensburg	TK100: C1522	Punkt Nr.: 28

UTM: 32UNF510728 | Gauß-Krüger: r = 3 551000 h = 6074600

Kliff bei Habernis: Rutschungen über eemzeitlichem Ton

Beschreibung:

Die Küsten der Flensburger Förde werden auf weiten Strecken
von Höhenzügen begleitet, die als Seitenmoränen des während
der Weichseleiszeit hier von Ost nach West vorstoßenden
Flensburger-Förde-Gletschers entstanden. Die Förde selbst
ist als Zungenbecken dieses Eislobus aufzufassen. An ihren
Ufern sind sowohl auf dänischer wie auf deutscher Seite
durch die Meeresabrasion vielfach Steilküsten entstanden.
In den noch aktiven Kliffs findet man, wie hier bei Habernis an der nach Osten exponierten Seite der "Huk", Aufschlüsse in der Seitenmoräne. Diese wurden von KÖSTER
(1958) systematisch untersucht. Sie zeigen, daß die Seitenmoräne oft nach außen hin gestaucht ist.

Durch die Stauchungen am Rande des Zungenbeckens wurden
vielerorts auch Meeresablagerungen in unterschiedlich
mächtigen Schollen aufgeschuppt. Es handelt sich um das tonige Sediment einer ehemaligen Meeresbucht, die während des
letzten Interglazials (Eemwarmzeit) bereits hier im Bereich
der Flensburger Außenförde existierte. Es darf vermutet
werden, daß das weichselzeitliche Gletschereis anschließend
bevorzugt in der Richtung der Tiefenlinie dieser vorange-
legten Bucht vorrückte. In den grauen, graugrünen bis grau-
blauen, feinen Tonen kommt als Leitfossil die Muschel "Arc-
tica Islandica" (früher: "Cyprina") vor. Nach ihr wird der
Ton, der auch hier bei Habernis in mehreren Schollen ansteht, "Cyprinenton" genannt. Der feine, hier stein- und
sandfreie Ton verursacht erhebliche Rutschungen in den
Kliffs, die zum Teil entlang der alten Überschiebungsflä-
chen nunmehr zurück in die Förde gerichtet sind.

Lage:

Von Steinbergkirche nach Habernis bis zum Ende der Straße
am Strand ("Na de Huk"); dort zu Fuß am Kliff entlang (etwa
500 Meter, z.T. über Steinpackungen). In der Umgebung der
Rutschungen ist verbreitet der Eemton aufgeschlossen. Am
Strand wirkt er wasserstauend und verursacht Grundwasser-
austritte.

Literatur:

GRIPP 1954; KÖSTER 1958.

Kreis: Schleswig-Flensburg	TK100: C1518	Punkt Nr. : 29

UTM: 32UNF212725	Gauß-Krüger: r = 3 521200 h = 6074300

Kiesgrube Ellund: Maximalvorstoß des Weichseleises

Beschreibung:

In einer Kiesgrube östlich von Ellund sind die glazifluvialen Sande und Kiese des Flensburger Kegelsanders aufgeschlossen. Diese sind hier jedoch überlagert von einer Deckmoräne, die blockreich, entkalkt, von sandig-lehmiger Textur und bis zu einem Meter mächtig ist. Das Gletschertor, von dem aus der weichselzeitliche Flensburger Sander aufgeschüttet wurde, befand sich etwa 4 Kilometer weiter nordöstlich am heutigen Grenzübergang Padborg. Wenn die Sanderschichten wie hier von einer Deckmoräne überlagert werden, so läßt dies den Schluß zu, daß bei einem späten Eisvorstoß die lange bekannte und morphographisch deutlich ausgeprägte Hauptrandlage der Weichseleiszeit noch einmal überflossen wurde. Es kann sich dabei nur um eine geringmächtige Eisdecke gehandelt haben, die in relativ kurzer Zeit einige Kilometer über die Hauptrandlage vorstieß und die hier aufgeschlossene, dünne und relieffolgende Moränendecke hinterließ ("Ellunder Hangend-Moräne").

Auch für den jenseits der Bundesgrenze gelegenen Bereich um Tinglev (ca. 20 km nördlich) wird angenommen, daß der weichselzeitliche Maximalvorstoß deutlich über die morphographisch erkennbare Hauptstillstandslinie des Eises hinausreichte (anhand von Toteishohlformen im Sander rekonstruiert). Entsprechendes wurde jüngst auch für das Gebiet zwischen Owschlag und Nortorf gefunden (STREHL 1986); dort allerdings muß der Maximalvorstoß in einer relativ frühen Phase der Weichseleiszeit stattgefunden haben.

Vergleiche auch Punkt Nr. 25!

Lage:

Grenzstraße von Ellund in Richtung Harrislee. Die Kiesgrube befindet sich etwa einen Kilometer östlich von Ellund links der Straße.

Literatur:

BRÜGGELN 1981; FRÄNZLE 1987; SCHRÖDER & RIEDEL 1976; SCHRÖDER 1977.

Kreis: Schleswig-Flensburg	TK100: C1522	Punkt Nr.: 30

UTM: 32UNF590725	Gauß-Krüger: r = 3 559000 h = 6074300

Strandwallfächer der Geltinger Birk (Höftland)

Beschreibung:

Die in den Ausgang der Flensburger Förde vorspringende Geltinger Birk ist eine Strandwallandschaft von eigentümlicher Form, die durch küstenparallelen Sandtransport von Ost nach West aufgebaut wurde. Ihre räumliche Entwicklung, die vor etwa 2000 Jahren begann, wurde maßgeblich vom submarinen Relief gesteuert.

Etwa um die Zeitenwende entwickelte sich ein erster Haken, der seinen Aufhängepunkt am Kliff von Falshöft hatte. Dieser wurde im Laufe der Zeit weiter nach Westen vorgebaut, fächerte sich dann aber zu einem allmählich wachsenden, nach Westen offenen Strandwallsystem auf. Dessen äußerste Enden biegen scharf nach Süden um, auf die ehemalige Insel Beveroe (dän.=Biberinsel) zu. Im Verlaufe des 16. oder 17. Jahrhunderts erhielt Beveroe über die von Norden herangewachsenen Nehrungen vermutlich Festlandsanschluß. Südlich blieb zunächst ein später abgedämmter (1821-28) Durchlaß in das heute verlandete und künstlich entwässerte Beveroer Noor offen.

Das Material für die Bildung des ersten Hakens stammt vom Küstenabbruch bei Falshöft. Die späteren Strandwälle wurden dagegen mit dem durch die Brandung aufbereiteten Material von der Abrasionsfläche des flachen Kalkgrundes versorgt, auf dessen breiter Wurzel die Strandwallebene der Geltinger Birk entstand. Dabei folgen die so markant nach Süden umbiegenden Hakenenden dem submarinen Relief. Die zur Bildung der Birk-Nack führende Zuspitzung der Strandwälle ist begründet im Aufbau der Strandwälle entlang der Linie geringster Wassertiefe auf dem Kalkgrund, der nach Osten, Norden und Westen hin abfällt.

Lage:

Von Gelting über Nieby nach Falshöft; von Falshöft aus auf dem Deich bis an das Naturschutzgebiet heran (etwa 3 km); Strandwanderung möglich, aber während der Brutzeit den Bereich des Naturschutzgebietes meiden!

Literatur:

KÖSTER 1958; MUUSS & PETERSEN 1978; RIEDEL & POLENSKY 1986; VOSS 1972.

| Kreis: Schleswig-Flensburg | TK100: C1518 | Punkt Nr.: 31 |

UTM: 32UNF054645 | Gauß-Krüger: r = 3 505400   h = 6066300

Spätglaziale Parabeldüne östlich Holzacker

Beschreibung:

Auf einem "Busch-Berg" genannten Flurstück 1 Kilometer östlich Holzacker, unmittelbar westlich des hier kanalisierten
Schafflunder Mühlenstroms, befindet sich eine ganz typisch
ausgebildete Parabeldüne. Sie bildet einen nach Nordwesten
offenen, parabelförmigen Bogen und wurde im Weichsel-Spätglazial durch nordwestliche Winde aufgeweht. Diese und
andere Dünen und Dünenfelder im Bereich der Soholmer Au
wurden von JATHO (1969) untersucht. Er stellte fest, daß
die Dünenbildung mit westlichen Winden im Hochglazial begann und sich mit nordwestlichen Winden bis in das Spätglazial erstreckte. Die Dünen (wie auch diese hier) sind
offensichtlich an das Vorhandensein von Rinnen in der nähe-
ren Umgebung, aus denen das unter periglazialen Klimabedingungen auswehbare Sandmaterial stammte, gebunden. Aus der
Lage von vorangehenden Wanderstadien kann ebenfalls auf
nordwestliche Winde und ein Weiterwandern nach Osten geschlossen werden. Dies ist auch bei der Parabeldüne von
Holzacker der Fall. Parabeldünen sind mit ihrer Öffnung
gegen den Wind gerichtet, d.h., die meist langgezogenen
Sichelenden hinken dem trotz seiner größeren Mächtigkeit
und Höhe rascher wandernden Mittelstück nach, da sie durch
Bodenfeuchtigkeit und (wenn auch schüttere) Vegetation
gehalten werden. Dagegen kommen Sicheldünen (Barchane), bei
denen die Sichelenden dem Mittelstück vorauswandern, nur in
wirklich vegetationsfreien und trockenen Wüsten vor. Solche
Extrembedingungen haben aber hier während des Weichselspät-
glazials nachweislich nicht geherrscht.

Vergleiche auch Punkte Nr. 4, 6 & 8!

Lage:

Von Hörup auf dem Fahrweg Richtung Holzacker (SW); ca. 1 km
vor Holzacker, in einer Kurve, nicht dem asphaltierten Weg
weiter folgen, sondern geradeaus auf einem unbefestigten
Feldweg bis zum Ende (Sackgasse) nach Süden. Die lehrbuchhaft ausgebildete Parabeldüne befindet sich am Ende einer
Viehweide. Das letzte Wegstück ist für Busse nicht befahrbar.

Literatur:

FRÄNZLE 1987; JATHO 1969.

UTM: 32UNF305625   Gauß-Krüger: r = 3 530500   h = 6064300

Holozäne Binnendüne am Treßsee

Beschreibung:

Der Treßsee östlich von Oeversee gilt als Relikt eines weichseleiszeitlichen Tunneltales, in dem die westangelner Gletscherzunge während verschiedener Rückzugsstadien ihre Schmelzwässer sublazial zum Eisrand führte. In dem nördlich anschließenden Gebiet findet man ein Flugsand- und Binnendünenareal, das teilweise unter Naturschutz steht; trotzdem sind Teile davon aufgeforstet. Außerhalb des Naturschutzgebietes werden die Flächen u.a. als Extensivweide (mit Ödlandcharakter) genutzt.

Binnendünen sind im Jungmoränengebiet eine Seltenheit. Hier haben aber im Westen anschließende, sandige Eisrandablagerungen in Gletschertornähe das Material für die Aufwehungen zur Verfügung gestellt. Eine nach Westen offene Bogendüne zeigt, daß westliche Winde dabei vorherrschten. Die Dünenbildung vollzog sich in mehreren Phasen. Ihr Beginn liegt mutmaßlich am Ende des Spätglazials. Schwach entwickelte, fossile Podsolhorizonte in den Dünenkörpern zeigen an, daß es auch wesentlich jüngere, rasch aufeinanderfolgende Aufwehungs- oder Umlagerungsphasen im Jungholozän gegeben hat. Eine absolute Datierung fehlt bislang. Eine Reaktivierung der Flugsandbewegung ist aber in jedem Fall an eine Zerstörung der Vegetationsdecke gebunden, folglich an Phasen der intensiven Bewirtschaftung oder Waldzerstörung.

Vergleiche auch Punkt Nr. 34!

Lage:

Straße von Oeversee nach Juhlschau; in Juhlschau rechts ab in Richtung Augaard. Nach etwa einem Kilometer biegt die Straße an einem Wäldchen nach rechts ab. Von dieser Kurve aus führt ein Wald-/Feldweg nach Süden auf den Treßsee zu; rechterhand Blick auf Dünen- und Flugsandgebiet außerhalb des Naturschutzgebietes mit einer nach Westen offenen Parabeldüne. Linkerhand erstreckt sich das Naturschutzgebiet in einem Bogen von der Straße bis zum Ufer des Sees.

Literatur:

BRONGER & POLENSKY 1985; RIEDEL & POLENSKY 1986.

Kreis: Schleswig-Flensburg	TK100: C1522	Punkt Nr.: 33

UTM: 32UNF398614	Gauß-Krüger: r = 3 539800 h = 6063200

Satrupholmer Moor: Rest eines Zungenbeckens in Angeln

Beschreibung:

Das Satrupholmer Moor liegt östlich von Satrup und südwestlich des Südensees und damit in dem Bereich, der während
der Weichseleiszeit von der westangelner Gletscherzunge
eingenommen wurde. Nach dem Maximalvorstoß im Hochglazial
wich das Eis zurück, stieß aber mehrfach als Gletscherlobus
wieder vor, wenn auch jeweils nicht so weit wie zuvor. Die
südliche Randmoräne einer dieser Rückzugsstadien erkannte
GRIPP (1954) in der Linie Bistoft - Esmark - Rüde - Sörup-
holz. Diese schließt als letzte die Hohlform des Satrupholmer Moores mit ein. Die Randlagen zweier späterer Stadien
liegen dann bereits zwischen Satrupholmer Moor und dem
Südensee.

Man kann den Bereich des Moores als Rest des Zungenbeckens
der westangelner Eiszunge ansehen. Bohrungen haben ergeben,
daß das Becken aus drei durch Schwellen getrennten Hohlformen besteht, die bis zu 11,5 Meter unter die heutige Mooroberfläche reichen. Nach dem Tieftauen des diese Hohlformen
zunächst konservierenden Toteises bildete sich ein See, der
anfangs durch einen flachen Überlauf mit dem Südensee in
Verbindung stand. Der Seespiegel des Südensees wurde später aufgrund eines künstlichen Durchstichs zur Bondenau ab-
gesenkt, und die Verbindung ging verloren. Der Satrupholmer
See verlandete im Laufe der Zeit und erlebte dabei alle
Entwicklungsstufen vom See über Niedermoor und Übergangs-
moor zum Hochmoor. Allerdings ist nicht überall das letzte
Stadium erreicht.

Das Moor steht nicht unter Naturschutz und ist durch Torfabbau mehr oder weniger stark überprägt.

Lage:

Straße von Satrup in Richtung Sörup. Bei der Ansiedlung
Kohlfeld, kurz hinter Sörup, zweigt rechts (nach Süden) ein
Weg ab. Von hier führen Wanderwege in und durch das Moor.

Literatur:

GRIPP 1954; MÖLLER 1940.

Kreis: Schleswig-Flensburg	TK100: C1522	Punkt Nr.: 34

UTM: 32UNF289606   Gauß-Krüger: r = 3 528900   h = 6062400

Fröruper Berge: weichseleiszeitliche Stauchendmoränen

Beschreibung:

Die Fröruper Berge, östlich der B76 zwischen Oeversee und
Süderschmedeby gelegen, haben ein für Stauchendmoränen
typisches unruhiges Relief. Sie erreichen Höhen um 50 Meter
ü. NN und sind weithin bewaldet. Ihr Südteil steht unter
Naturschutz.

Der Stauchendmoränenkomplex gehört zu einem frühen Rückzugsstadium der westangelner Gletscherzunge. Diese Eisrandlage, in der sand- und kiesreiches Material aufgeschoben
wurde, läßt sich nach Süden über Süderschmedebyfeld bis an
den Ostrand der Nordhöhe verfolgen. Nach Norden und dann
Nordosten umschließt sie den Treßsee. Das Eis stieß hier
abermals im Stirnbereich einer älteren Randlage, die zwischen Oeversee und Süderschmedeby weiter nach Westen ge-
reicht hatte, vor. Der Gletscherlobus erreichte aber nicht
mehr den Maximalstand des älteren, vorübergehend zurückge-
wichenen Eises.

Der nordöstlich von hier gelegene Treßsee ist entstehungsgeschichtlich mit dem erwähnten westangelner Eislobus, der
die Fröruper Berge als Stirnstauchmoräne aufschob, verknüpft. Es handelt sich bei ihm um das äußere (westliche)
Ende eines subglazialen Tunneltales, das vom Südensee bei
Sörup über die Bondenau-Niederung bis zum besagten Treßsee
führt.

Vergleiche auch Punkte Nr. 32 und 36!

Lage:

Bei Frörup, in der Nähe einer Tankstelle an der B76, nach
Osten abbiegen; die "Fröruper Berge" sind ausgeschildert;
geradeaus bis zum Parkplatz an einer aufgelassenen Sandgrube. Wandermöglichkeiten in den bewaldeten Fröruper Bergen sind vorhanden. Das Naturschutzgebiet "Fröruper Berge"
beginnt etwa 500 Meter südöstlich des Parkplatzes.

Literatur:

GRIPP 1954; GRIPP 1964; RIEDEL & POLENSKY 1986.

Strandwall-Landschaft der Schleimündung

Beschreibung:

Das Haff der Schleimündung wird durch eine großartige Strandwall-Landschaft von der Ostsee abgetrennt. Die Lotseninsel ist der nördliche Teil eines von Süden her aufgeschütteten Nehrungshakensystems. Das zu dieser Ausgleichsküste gehörende, materialliefernde Kliff liegt etwa 5 Kilometer südlich bei Schönhagen. Aber auch von Norden her bauten sich in frühgeschichtlicher und historischer Zeit Nehrungen auf. Sie verbanden die ehemalige Insel Oehe mit dem Festland und schnürten das Oeher Noor ab, das heute verlandet und eingedeicht ist (nördliche Fortsetzung des Wormshöfter Noors). Auch von Oehe reichten Haken weiter nach Süden, die ins Schleihaff hineinschwingen.

Hier, zwischen den von Norden und Süden aufgebauten Nehrungssystemen, lag bis gegen Ende des 18. Jahrhunderts die frühere Schleimündung. Dieser Bereich, im Nordteil des Naturschutzgebietes gelegen, wird auch heute noch bei Hochwasser überschwemmt und macht erst dann die "Lotseninsel" zu einer Insel.

Wegen fortschreitender Versandung wurde 1780-96 mit Hilfe eines künstlichen Durchstichs durch die Südnehrung an deren schmalster Stelle eine neue Schleimündung geschaffen. Die 60 Meter breite und 5 Meter tiefe Rinne muß, da sie quer zur küstenparallelen Sandtransportrichtung verläuft, gelegentlich freigebaggert werden. Der vom südlich gelegenen Schönhagener Kliff kommende Materialtransport wird aber heute durch die Molen des neuen Marinehafens Olpenitz abgeschnitten.

Lage:

Vom Yachthafen Maasholm überblickt man das Schleihaff und die Lotseninsel. Über einen Deich kann man das Naturschutzgebiet der Lotseninsel erreichen (auch von Gut Oehe aus); Betreten nur unter Führung des Vogelwärters erlaubt; Führungen von März bis September täglich außer Monatgs um 10⁰⁰ Uhr ab Informationshütte, sonst nach Vereinbarung (Telefon 04642/6117, Verein Jordsand).

Literatur:

DEGN & MUUSS 1984; HINTZ 1955; MUUSS & PETERSEN 1978; RIEDEL & POLENSKY 1986; VOSS 1967.

Kreis: Schleswig-Flensburg	TK100: C1522	Punkt Nr.: 36

UTM: 32UNF288574	Gauß-Krüger: r = 3 528800 h = 6059200

Nordhöhe bei Süderschmedeby

Beschreibung:

Die Nordhöhe bei Süderschmedeby ist eine nach außen hin
sanft abdachende größere Kuppe, die 63 Meter ü. NN Höhe erreicht. Von oben geht der Blick über den West- und Südwest-
hang auf die Schleswiger Sandergeest.

Die Nordhöhe wird von GRIPP (1964) als Teil einer weichselzeitlichen Eisrandlage angesehen. Zwischen Oeversee im Norden und Süderschmedeby/Tarp im Süden lag eine Eiszunge,
deren Stirn nach Westen vorsprang. Eine Stirnmoräne ist
aber nicht erhalten, da später dort ablaufende Schmelzwässer deren zu vermutende Reste verspült haben. Die Nordhöhe
selbst wird demnach als südliche Randmoräne dieses Gletscherlobus interpretiert.

Es gibt jedoch Anzeichen dafür, daß die Nordhöhe zumindest
im Kern und ihren höheren Teilen älter ist. Sie zeigt die
für Altmoränen typische Radialzertalung; außerdem kann man
auf der Kuppe Windkanter finden. Dies sind Anzeichen dafür,
daß sie längere Zeit dem Periglazialklima ausgesetzt war:
Über gefrorenem Untergrund floß Schneeschmelzwasser ab und
erodierte kleine, flache Tälchen, die heute trocken sind.
Sandbefrachteter Wind schliff und facettierte die an der
Oberfläche liegenden Steine. Es ist also zu vermuten, daß
hier eine saaleeiszeitliche Kuppe während des Weichselhochglazials randlich von dem erwähnten Gletscherlobus berührt
und in dessen Randmoränenverlauf integriert wurde.

Zu weiteren saalezeitlichen Altmoränen in der Nähe des
weichselzeitlichen Eisrandes vgl. Punkte Nr. 101, 119 und
120.

Lage:

In Süderschmedeby führt eine Straße nach Westen auf die
Nordhöhe hinauf. Deren Kuppe liegt zwischen der alten und
der neuen B76. Die alte B76 verläuft durch den Ort.

Literatur:

GRIPP 1954; GRIPP 1964.

Kreis: Schleswig-Flensburg	TK100: C1522	Punkt Nr.: 37

UTM: 32UNF342473 | Gauß-Krüger: r = 3 534200 h = 6049100

Weichseleiszeitliches Tunneltal: Langsee in Angeln

Beschreibung:

Der Langsee in Angeln, ein typischer Rinnensee, erfüllt die
Hohlform einer weichseleiszeitlichen Schmelzwasserrinne.
Entstehungsgeschichtlich handelt es sich um ein sub-
glaziales Tunneltal, das 30 bis 40 Meter eingetieft ist.
Die Wassertiefe beträgt im westlichen Teil bis zur Eng-
stelle bei Güldenholm nur 3 bis 3,5 Meter, erreicht aber im
Ostteil in einer langgestreckten Rinne 12 Meter. Die umge-
benden Höhen erheben sich bis maximal 48 Meter ü. NN.

Das Tunneltal läßt sich nach Westen bis zum Maximalstand
des weichselzeitlichen Eisrandes verfolgen; es verzweigt
sich jedoch am Westende des Langsees: Eine nordwestliche
Rinne verläuft über den Idstedter See und von dort nach
Westen. Eine südwestliche Rinne geht über eine langgestreckte Niederung zum Rethsee und Arenholzer See. Unmittelbar westlich des Arenholzer Sees lag ein Gletschertor.

Die Entstehung des Langsee-Tunneltales und seiner westlichen Fortsetzungen wird dem Weichselhochglazial zugeordnet.
Die jüngeren Eisrandlagen liegen weiter östlich. Als rück-
wärtige Fortsetzung des Tunneltales wurden die Täler der
Wellspanger und Boholzer Au und der Oxbek angesehen. Zumindest sind diese Bereiche aber durch Gletscherschurf
überprägt. Rückzugsstadien hinterließen bei Wellspang und
Boholz Endmoränenzüge, die die Talung queren. Man muß dort
sicher eher von Zungenbecken sprechen, die aber möglicherweise der Tiefenlinie einer subglazialen Rinne folgen.

Vergleiche auch Punkt Nr. 38!

Lage:

Straße von Idstedt in Richtung Stolk; noch bei Idstedt
nördlich des Idstedter Sees rechts ab und östlich um diesen
herum; nach etwa 1,5 Kilometern wieder rechts ab zum Westende des Langsees; Blick vom Straßenrand nach Osten auf den
Langsee.

Literatur:

GRIPP 1954; GRIPP 1964; MUUSS, PETERSEN & KÖNIG 1973.

Kreis: Schleswig-Flensburg	TK100: C1522	Punkt Nr.: 38

UTM: 32UNF300441   Gauß-Krüger: r = 3 530000   h = 6045900

Weichseleiszeitliches Os westlich des Arenholzer Sees

Beschreibung:

Westlich des Arenholzer Sees, heute von diesem durch die
Autobahn getrennt, liegt eines der in Schleswig-Holstein
seltenen, gut erhaltenen Oser. Oser sind schmale, oft
lange, Eisenbahndämmen ähnliche Rücken aus Kies oder Sand.
Sie entstehen als Sedimentfüllung in Schmelzwassertunneln
im oder unter dem Eis, und zwar unmittelbar vor dem Aus-
tritt der Wässer aus dem Gletschertor. Schmilzt der Gletscher zurück, bleibt die Spaltenfüllung als kiesiger oder
sandiger Wall übrig. Oser können beim Zurückweichen des
Eisrandes "nach hinten" verlängert werden und so beträcht-
liche Länge erreichen (Uppsala-Os in Schweden: 450 km).

Das Os am Arenholzer See ist nur in etwa 600 Metern Länge
erhalten; ob es jemals wesentlich länger war, ist nicht bekannt. Es erreicht 23 Meter ü. NN Höhe und ragt zwar nur
einige Meter, aber sehr deutlich als Os erkennbar, aus der
Umgebung heraus. Die geologische Karte (Blatt 1422, Jübek)
zeigt, daß es aus sandigen Kiesen und kiesigen Sanden aufgebaut ist. Seine Lage markiert ungefähr den äußeren Rand
des Maximalvorstoßes während des weichselzeitlichen Hochglazials. Hier endete eine leicht gewundene, subglaziale
Schmelzwasserrinne, die sich vom Langsee in Angeln über
eine südwestlich anschließende Niederung, den Rethsee und
den Arenholzer See bis hierher verfolgen läßt. Auch hier
wird deutlich, daß es nicht die äußersten markanten Endmoränen sind, die den Maximalstand der Vereisung anzeigen.

Vergleiche auch Punkt Nr. 37!

Lage:

Südlich von Lürschau (auch von der Autobahnabfahrt Schuby
zu erreichen) führt eine Straße nach Westen Richtung Her-
mannsort (ausgeschildert). Etwa 1,2 Kilometer nach der
Brücke über die Autobahn zweigt rechts ein Feldweg Richtung
Norden ab; auf diesem zu Fuß etwa 500 Meter bis zum deutlich als langgestreckter Wall erkennbaren Os; keine Wandermöglichkeiten.

Literatur:

GRIPP 1954; GRIPP 1964; WEISS 1958.

Kreis: Schleswig-Flensburg	TK100: C1522	Punkt Nr.: 39

UTM: 32UNF366389	Gauß-Krüger: r = 3 536600 h = 6040700

Haddebyer und Selker Noor; Haithabu

Beschreibung:

Das innere Ende des Schleizungenbeckens wird von den über
50 Meter Höhe erreichenden Endmoränen bei Hüsby und Groß
Dannewerk umrahmt. Die Hohlform der Schlei ist vermutlich
schon im Hochglazial, während des Maximalstandes der Weich-
selvereisung, als subglaziales Tunneltal vor-angelegt. Die
Schmelzwässer brachen in drei Rinnen, die nacheinander benutzt wurden, zum Eisrand durch. Sie sind in den Hohlformen
des Burgsees (bei Schloß Gottorf), des Busdorfer Teiches
und des Haddebyer und Selker Noores zu erkennen. Die Hadde-
by-Selker-Noor-Rinne ist der älteste noch erkennbare
Schmelzwasserüberlauf des hochglazialen Weichseleises im
Bereich der Schlei. Das zugehörige Gletschertor lag anfangs
bei Jagel. Allerdings wurde die als Tunneltal angelegte
Rinne, nachdem das Eis zwischenzeitlich zurückgewichen war,
noch einmal vom Gletschereis überformt, als hier der
Schleigletscher in einem kleinen Zweigbecken abermals vordrang. Die meist steilwandige Hohlform wurde durch liegen-
bleibendes und überschüttetes Toteis konserviert und dürfte
erst während des endgültigen Tieftauens im Boreal wieder
zum Vorschein gekommen sein.

Der Straßendamm, der das Noor von der Schlei abtrennt, ist
künstlich und besteht erst seit 1813. Während der Wikingerzeit lag hier am Ufer des Noores der überregional bedeut-
same Seehandelsplatz Haithabu. Die Nachfolgesiedlung wurde
Schleswig am Nordufer der Schlei.

Vergleiche auch Punkte Nr. 40 und 45!

Lage:

Vom ausgeschilderten Parkplatz des Haithabumuseums bei Had-
deby (gegenüber Schleswig) zum Halbkreiswall von Haithabu.
Von dessen nördlichem Abschnitt gewinnt man einen Überblick
über das Haddebyer Noor; Rundwanderung möglich (Brücke zwischen Haddebyer und Selker Noor): etwa 5 Kilometer.

Literatur:

GRIPP 1940; GRIPP 1954; RIEDEL & POLENSKY 1986;
ZÖLITZ 1987.

Kreis: Schleswig-Flensburg	TK100: C1522	Punkt Nr.: 40

UTM: 32UNF268352 Gauß-Krüger: r = 3 526800 h = 6037000

Rheider Au-Niederung am Krummwall südlich Ellingstedt

Beschreibung:

Das Tal der Rheider Au ist in den schleswiger Sander eingetieft. Der Sander wurde vor allem während des Weichselhochglazials von den Gletschertoren bei Thyraburg, Busdorf,
Selk und Jagel aufgeschüttet. Später traten jedoch von den
weiter östlich gelegenen Randlagen des Schleigletschers
überwiegend vorgeklärte Wässer aus, denn in den Becken der
westlichen Schlei setzte sich der größte Teil der Sink-
stoffe ab und bildete dort zum Teil mächtige Eisstausee-
Sedimente. Deshalb sedimentierten die südlich Schleswigs
ablaufenden Wässer nicht mehr. Sie erodierten vielmehr die
Talung der Rheider Au, bevor sie über das Treene- und
Eidergebiet dem ehemals weit in den heutigen Nordseeraum
hineinreichenden Elbeurstromtal zustrebten.

Das Tal der Rheider Au vermittelt bei hochstehendem Grundwasser den Eindruck einer fast amphibischen Landschaft.
Über weite Flächen ist der vermoorte Talgrund dann überschwemmt. An seiner Nordseite verläuft der sog. Krummwall,
der als westliche Fortsetzung des Hauptwalles zum Danewerk
gehört; er ist ein Flankenwall, der einer Umgehung des
Mittelabschnittes entgegenwirken sollte.

Das sumpfige Rheider Au-Tal war noch im letzten Jahrhundert
für die gegen Dänemark vorrückenden preußischen und öster-
reichischen Truppen vollkommen unpassierbar. Daß der Talboden bei Belastung nachsackt, ist auch an der welligen
Oberfläche der über die Niederung führenden Straße erkennbar.
Vergleiche auch Punkte Nr. 39 und 45!

Lage:

Von Groß Dannewerk in Richtung Ellingstedt und Hollingstedt; südlich von Ellingstedt nach links in Richtung Groß
Rheide abbiegen. Nach etwa einem Kilometer erreicht man den
Krummwall unmittelbar am Nordrand der Rheider Au-Niederung. Wanderung auf dem Danewerk nach Osten oder Westen
möglich; keine Parkmöglichkeit für Busse.

Literatur:

GRIPP 1954; GRIPP 1964; ZÖLITZ 1987.

| Kreis: Schleswig-Flensburg | TK100: C1922 | Punkt Nr.: 41 |

UTM: 32UNF269243   Gauß-Krüger: r = 3 526900   h = 6026100

Tetenhusener Moor: Vermoorung der niederen Sandergeest

Beschreibung:

Das Tetenhusener Moor, 7 Kilometer südwestlich von Kropp
gelegen, gehört zu den wenigen Hochmoorresten im Bereich
der früher weithin vermoorten Niederungen der Sandergeest.
Die weichseleiszeitlichen Sanderflächen der niederen Geest
fallen mit leichtem Gefälle nach Westen hin ab. Im Bereich
der Alten Sorge liegt die Landoberfläche heute im Meeresspiegelniveau. Durch den holozänen Meeresspiegelanstieg der
Nordsee kam es hier zum Grundwasserrückstau und damit zu
Bedingungen, die eine weitflächige Vermoorung ermöglichten.
Es entwickelten sich zunächst Niedermoore, bei denen die
Nährstoffversorgung der Vegetation über das Grundwasser er-
folgt. Seit dem Atlantikum (etwa 5000 v. Chr.) ging die
Entwicklung dann über den Erlenbruchwald bis zum Hochmoor,
bei dem die torfbildenden Pflanzen den Grundwasserkontakt
verloren haben und sich nur noch aus dem Niederschlagswas-
ser mit Nährstoffen versorgen können. Auch das Tetenhusener
Moor, in dem noch bis 1974 Torf abgebaut wurde, hat das
Hochmoorstadium erreicht. Die Mooroberfläche liegt heute
bei 2 Meter ü. NN. Die Torfmächtigkeit beträgt etwa 2 bis 4
Meter.

Das Tetenhusener Moor wird durch den "Umleitungsdeich", auf
dem die Straße von Alt-Bennebek nach Meggerdorf verläuft,
vom Meggerkoog getrennt. Der Meggerkoog entstand durch
Trockenlegung des Meggersees, indem man die Bennebek und
die Sorge nach Süden umleitete. Diese beiden Flüsse münde-
ten vorher in den Meggersee. Heute erreichen sie die Eider
auf direktem Weg.

Lage:

Straße von Kropp über Alt-Bennebek in Richtung Meggerdorf
und Erfde; 3 Kilometer hinter Alt-Bennebek zweigt links ein
Weg ab, der nach Osten in das Tetenhusener Moor hinein-
führt. Das Naturschutzgebiet liegt südlich dieses Weges.

Literatur:

DEGN & MUUSS 1966; RIEDEL & POLENSKY 1986; SCHÜTRUMPF 1956.

Kreis: Schleswig-Flensburg	TK100: C1918	Punkt Nr.: 42

UTM: 32UNF161234 | Gauß-Krüger: r = 3 516100 h = 6025200

Saalezeitlicher Geestrücken Stapelholm und Eiderniederung

Beschreibung:

Der Stapelholm im engeren Sinne ist der einen nach NW
offenen Bogen bildende, 13 km lange Geestrücken zwischen
Drage und Wohlde. Er besteht aus saaleeiszeitlichen Ablagerungen, erreicht eine maximale Höhe von 41 m ü. NN und
ist umgeben von den teilweise unter NN liegenden Niederungen der Treene, Eider und Alten Sorge. Ob er als Randmoräne
im Bereich eines von GRIPP (1958) rekonstruierten Nieder-
eiderlobus anzusehen ist, bleibt fraglich.

Vom Standort auf dem Zwieberg geht der Blick nach S und SO
in die Eider- und Sorgeniederung. Durch diese, wie auch
durch die nördlich gelegene Treeneniederung verliefen schon
während der ausklingenden Saaleeiszeit Schmelzwassertäler.
In der Eemwarmzeit drang das Meer von Westen weit in diesen
"Nordmannrinne" genannten, tiefliegenden Bereich vor. Möglicherweise sind einige der den Stapelholm begrenzenden
Steilabhänge eemzeitliche Küstenkliffs. Sicher nachgewiesen
sind die Reste mächtiger toniger Meeresablagerungen aus
dieser Warmzeit. Als während der folgenden Weichseleiszeit
die östlichen Teile Schleswig-Holsteins wieder eisbedeckt
waren, flossen hier abermals Schmelzwässer nach W ab. Sie
erodierten einen Teil der eemzeitlichen Meeresablagerungen
und überdeckten deren Reste mit Schmelzwassersanden. Diese
"Talsande" wurden unter den periglazialen Verhältnissen
durch den Wind umgelagert und stellenweise zu Dünen aufgehäuft, so auch hier am Zwieberg. Da die Niederungen nunmehr
durch marine Eemablagerungen und die Talsande aufgehöht
waren, konnte die flandrische Meerestransgression nicht bis
in diesen Bereich vordringen; er vermoorte deshalb weit-
flächig. Erst die Sturmfluten des hohen und späten Mittel-
alters führten dann zu einer geringmächtigen Kleisedimenta-
tion über den Torfen.

Lage:

Auf dem Zwieberg (27 m ü. NN) unmittelbar westlich der
B202 am südlichen Ortsausgang von Norderstapel; Aufschluß
östlich der Straße.

Literatur:

DITTMER 1951; FISCHER 1958; GRIPP 1958; GUENTHER 1953;
SCHLENGER, PAFFEN & STEWIG 1969.

Exkursionsziele im Kreis Rendsburg-Eckernförde und in Neumünster

(Exkursions-Punkte 43–62)

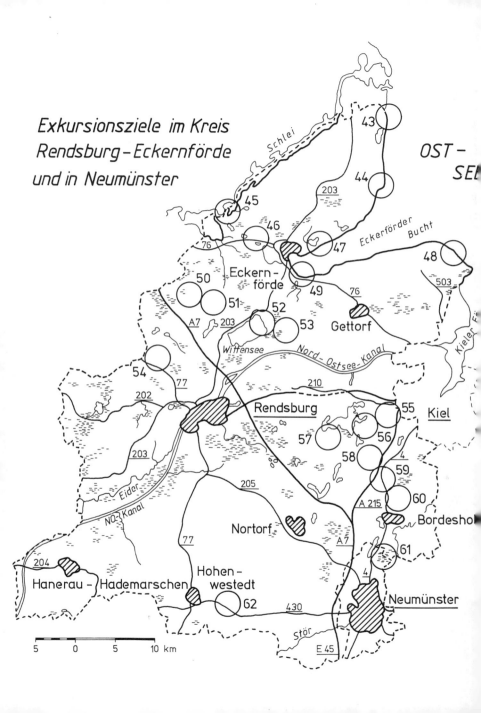

```
Kreis: Rendsburg-Eckernförde │ TK100: C1526 │ Punkt Nr.:    43

UTM: 32UNF669536 │ Gauß-Krüger: r = 3 566900  h = 6055400

Aufschluß im Küstenkliff von Schönhagen
```

Beschreibung:

Das Steilufer von Schönhagen springt einige hundert Meter
nach Osten ins Meer vor. Aufgrund seiner exponierten Lage
unterliegt es starkem Küstenabbruch, der im Durchschnitt
etwa 90 cm pro Jahr beträgt. Bei günstigen Aufschlußverhältnissen, die hier besonders im Winterhalbjahr nach frischem Abbruch vergleichsweise häufig anzutreffen sind, gewährt die Steilküste von Schönhagen einen interessanten
Einblick in die weichseleiszeitliche Erdgeschichte. Aufgeschlossen ist hier der Bereich einer Moränengabel, die auch
morphologisch noch in dem Höhenzug zwischen Schönhagen und
Brodersby verfolgt werden kann. Sie wurde zwischen zwei
Eisloben aufgeschoben, die hier von Ost nach West vordran-
gen. Im Kliff sind zwei verschiedene Geschiebemergel zu beobachten, die nur stellenweise durch zwischengeschaltete
sandige Schmelzwasserablagerungen getrennt sind. Die beiden
Geschiebemergel sind die Ablagerungen zweier weichselzeitlicher Eisvorstöße. Der untere ist stärker tonig, grau-blau
und je nach Kliffhöhe bis zu 15 Meter mächtig aufgeschlossen; er enthält vereinzelt sandige Lagen. Der obere Geschiebemergel ist zwischen 1 und 4 Meter mächtig und fast
vollständig durch die Verwitterung braun gefärbt (Eisenoxidation). Er wurde beim letzten Eisvorstoß, der noch
schleswig-holsteinisches Gebiet erreichte (Fehmarn-Vorstoß), diskordant über den älteren Sedimenten abgelagert.
Dabei kam es durch Eisdruck zu Stauchungen, und zwar im
Nordteil des Kliffs von Nordnordost, im Südteil von Südsüdost. Durch gefügekundliche Untersuchungen konnte PRANGE
(1979) die zuvor schon von GRIPP (1954) rekonstruierte Moränengabel im Schönhagener Kliff nachweisen.

Vergleiche auch Punkte Nr. 44 und 47!

Lage:

Von Brodersby nach Schönhagen-Nordhagen; von dort Strandwanderung am Kliff-Fuß entlang nach Süden und zurück (etwa
drei Kilometer).

Literatur:

GRIPP 1954; PRANGE 1979; PRANGE 1987.

Kreis: Rendsburg-Eckernförde	TK100: C1526	Punkt Nr.: 44

UTM: 32UNF665459	Gauß-Krüger: r = 3 566500 h = 6047700

Aufschluß im Steilufer von Bookniseck

Beschreibung:

Ähnlich wie in den Küstenkliffs von Schönhagen und Hemmelmark sind auch bei Bookniseck zwei verschiedene Geschiebemergel der Weichseleiszeit aufgeschlossen. Dies trifft besonders für den etwa 750 Meter langen Mittelabschnitt des aktiven Kliffs zu. Der untere Geschiebemergel ist hart, stärker tonig und von blau-grauer Farbe; er ist nicht verwittert. Der obere ist sandiger, etwa 2-3 Meter mächtig und in den oberen 2 Metern durch Verwitterung braun gefärbt (Eisenoxidation). In halber Höhe des Steilufers liegt zwischen den Geschiebemergeln eine schluffige oder sandige Schicht von Schmelzwasser- bzw. Beckenablagerungen. Auch hier können also anhand der glazialen Sedimentabfolge zwei Eisvorstöße rekonstruiert werden, die durch eine Phase des vorübergehenden Eisrückzugs getrennt sind.

Die Steilküste von Bookniseck ist zwar nur 4 bis 5,5 Meter hoch, aber wegen des standfesten (unteren) Geschiebemergels steil bis senkrecht ausgebildet; der Strand ist nur schmal. Ähnlich wie bei Schönhagen springt die Küstenlinie leicht vor und ist deshalb stark exponiert; entsprechend kräftig wirkt die Meeresabrasion, die zu erheblichem Kliffabbruch führt. Im Winterhalbjahr kommt es hier, anders als an manchen anderen aktiven Kliffs der Ostseeküste, auch zu direktem Brandungsangriff auf das Steilufer. Andernorts wird während der winterlichen Oststürme oft nur das abgerutschte Material aufbereitet und vom Kliff-Fuß und Strand entfernt.

Vergleiche auch Punkte Nr. 43 und 47!

Lage:

Von Großwaabs kommend, hinter Gut Waabshof nach Süden (rechts) in befestigten Feldweg abbiegen; dieser führt zum Strand. Strandwanderung nach Norden am Kliff-Fuß entlang; bei Hochwasser ist der Strand überflutet!

Literatur:

PRANGE 1979; PRANGE 1987; WEFER & FLEMMING 1976.

| Kreis: Rendsburg-Eckernförde | TK100: C1522 | Punkt Nr.: 45 |

| UTM: 32UNF465421 | Gauß-Krüger: r = 3 546500 h = 6043900 |

Die Schlei bei Missunde

Beschreibung:

Die 43 Kilometer lange Schlei kann als eine von 5 schleswig-holsteinischen Förden angesehen werden. Wie bei den anderen Förden entstand ihre Hohlform durch einen weichseleiszeitlichen Gletscherlobus, war aber möglicherweise schon während des Hochglazials als subglaziales Tunneltal angelegt. Es handelt sich nicht um ein durchgehendes Zungenbecken, sondern um eine ganze Folge von Zungenbeckenabschnitten, die durch schmale Schmelzwasserrinnen miteinander verbunden sind. Die Becken entstanden nacheinander von West nach Ost während der mehrfach gestaffelten Rückzugsstadien des Schleigletschers. An der Stirn des kurzfristig wiedervorstoßenden aktiven Eises bildeten sich jeweils Endmoränenzüge, die die heutige Schlei queren. Dies sind die Engstellen, wie hier bei Missunde, an denen die anschliessend in dahinterliegenden Becken gestauten Schmelzwässer die Stirnmoränen durchbrachen und enge Erosionstäler schufen. Zwischen Missunde und Kappeln gibt es eine mehrfache Abfolge kleinerer Zungenbeckenabschnitte hintereinander.

Die Große und Kleine Breite lassen auch heute noch ihren Zungenbeckencharakter erkennen. Das Zungenbecken wurde später zu einem Eisstausee, in dem die typischen Beckensedimente zur Ablagerung kamen. Die feingeschichteten Sande und Beckentone wurden früher in der Ziegeleigrube bei Borgwedel abgebaut. Bei Weseby flossen zeitweise wohl auch die Schmelzwässer des Schnaaper Sanders in diesen Schleistausee.

In der Engstelle von Missunde beträgt die Wassertiefe 7 Meter, während sie in den breiteren Zungenbeckenabschnitten erheblich geringer ist.
Vergleiche auch Punkte Nr. 39 und 46!

Lage:

An der Schleifähre Missunde; von hier zu Fuß am Südufer der Schlei entlang in Richtung Große Breite; Wanderung auch im Forst zwischen Missunde und Weseby möglich.

Literatur:

GRIPP 1954; GRIPP 1964; SCHLENGER, PAFFEN & STEWIG 1969.

Kreis: Rendsburg-Eckernförde	TK100: C1522	Punkt Nr.: 46
UTM: 32UNF508387	Gauß-Krüger: r = 3 550800	h = 6040500

Kiesgrubenaufschluß im Schnaaper Binnensander

Beschreibung:

Das Gebiet zwischen dem Windebyer Noor und der Großen Breite der Schlei liegt inmitten des sog. Jungmoränengebietes und hat auch ein mehr oder weniger kuppiges Relief. Die Aufschlüsse in diesem Raum zeigen jedoch Schmelzwassersande und -kiese bis zur Oberfläche. Es handelt sich nicht um Grundmoräne, sondern um einen Binnensander.

Der Schnaaper Sander wurde beim letzten weichselzeitlichen Gletschervorstoß als Binnensander aus dem Zweigbecken des Windebyer Noors, bis zu dem eine relativ schmale Eiszunge von der Eckernförder Bucht her vordrang, nach Nordwesten zur Großen Breite der Schlei hin aufgeschüttet. Die Schüttung muß weithin über Toteis erfolgt sein, denn später beim Niedertauen der Toteisreste im Untergrund sanken zahlreiche Hohlformen ein. Im Aufschluß weisen kleine Abschiebungen mit Sprunghöhen im cm-Bereich auf diese Toteistektonik hin. Auch liegt die glazifluviale Schichtung infolge Toteisschwundes unregelmäßig flachwellig. Es gilt als sicher, daß der Sander nicht noch einmal von einem Gletscher überfahren wurde.

Etwas größere Auf- und Überschiebungen mit einem maximalen Verschiebungsbetrag von 60 cm werden von PRANGE (1985) als randliche Druckwirkung des Osterbyer Salzstockes gedeutet, der offenbar bis heute hin aufsteigt. Über seinem Zentrum bei Osterby liegt die Oberfläche der mit angehobenen Kreideablagerungen nur 17 Meter unter NN.

Vergleiche auch Punkt Nr. 51!

Lage:

Nördlich der B76 zwischen Eckernförde und Fleckeby, südwestlich von Gammelby, gibt es eine Reihe von Kiesgruben mit naturgemäß wechselnden Aufschlußverhältnissen; eine kleinere liegt an der B76 gegenüber dem Großen Schnaaper See und ist über einen Acker (am Knick entlang) zu erreichen.

Literatur:

GLÜCKERT 1973; GRIPP 1950; GRIPP 1954; GRIPP 1964; PRANGE 1985.

Kreis: Rendsburg-Eckernförde	TK100: C1522	Punkt Nr.: 47

UTM: 32UNF586380 | Gauß-Krüger: r = 3 558600 h = 6039800

Aufschluß im Steilufer von Hemmelmark

Beschreibung:

Bei Hemmelmark erreicht das etwa 700 Meter lange Küstenkliff 14 Meter Höhe. Der Abbruch ist hier wegen der vergleichsweise wenig exponierten Lage im Innern der Eckernförder Bucht nicht so stark wie an den Steilufern von
Schönhagen, Booknis oder Stohl.

Bei günstigen Aufschlußverhältnissen können die von PRANGE
(1979) untersuchten, weichseleiszeitlichen Ablagerungen im
Hemmelmarker Kliff beobachtet werden. An dessen Fuß steht
ein stark toniger, unverwitterter Geschiebemergel an; es
ist die Grundmoräne des vorletzten Eisvorstoßes in diesem
Gebiet. Danach zog sich der aktive Eisrand deutlich zurück,
und es wurden über dem Geschiebemergel die an der Basis
tonigen und schluffigen, weiter oben sandigen und kiesigen,
geschichteten Schmelzwasserablagerungen sedimentiert. Über
diesen liegt zuoberst ein etwa 3 Meter mächtiger, verwitterter (brauner) Geschiebelehm mit großen Blöcken.
Diese Moräne wurde beim letzten, spätweichselzeitlichen
Eisvorstoß abgelagert (Fehmarn-Vorstoß). An seiner Basis
wurde im Hemmelmarker Kliff ein steinzeitliches Werkzeug
gefunden, das vermutlich durch den Gletscher verschleppt
worden war. Es zeigt, daß das zwischenzeitlich eisfrei
gewesene Gebiet bereits von Menschen aufgesucht wurde und
erlaubt aufgrund seiner typologischen Merkmale eine allerdings nur schwach abgesicherte Datierung des Fehmarn-
Vorstoßes in die älteste Tundrenzeit (etwa zwischen 13.500
und 10.500 vor heute); das wäre später, als man bisher für
möglich hielt.

Vergleiche auch Punkte Nr. 43 und 44!

Lage:

Vom Gut Hemmelmark Feldweg zum Zeltplatz an der Eckernförder Bucht; dort zu Fuß am Strand etwa 1,5 km nach Nordosten bis zum Kliff. Der Feldweg vom Gut Hohenstein zur
Küste ist für den öffentlichen Verkehr gesperrt.

Literatur:

PRANGE 1979; PRANGE 1987.

UTM: 32UNF740379 | Gauß-Krüger: r = 3 574000 h = 6039700

Kliffabbruch an der Steilküste bei Stohl

Beschreibung:

Auf der Strecke zwischen Dänisch Nienhof und Bülk verläuft das Steilufer in ziemlich gerader Linie von Nordwest nach Südost; es ist damit Stürmen aus dem Nordostquadranten besonders exponiert. Der Kliffabbruch beträgt im Mittel etwa 50 cm pro Jahr. Dabei ist aber zu berücksichtigen, daß über längere Zeit nur geringe Abbruchraten auftreten und einige wenige Sturmhochwässer zu starkem Abtrag innerhalb kürzester Zeit führen können. Langjährige Mittelwerte sind also für das aktuelle Geschehen in einem bestimmten Jahr wenig aussagekräftig.

Der Kliffrückgang ist nur zu einem Teil durch direkten Brandungsangriff auf das Steilufer verursacht. Vielmehr kommt es, besonders im Winterhalbjahr, oft zunächst zu Hangabtrag durch von der marinen Abrasion unabhängige Prozesse: Abstürzen der vom Frost gelockerten Schollen, Schlammfließen wasserdurchtränkter Lockermassen, Unterspülung und Nachsacken des Oberhangs durch austretendes Grundwasser oder Drainagewasser, Rillenbildung durch Oberflächenabfluß usw. Dadurch entsteht am Kliff-Fuß eine Schutthalde, die das Kliff zunächst stabilisiert und vor weiterem direkten Wellenangriff schützt. Die marine Abrasion bleibt dann phasenweise auf das Freilegen des Kliffs von Schuttmassen beschränkt, kann aber bei Extremereignissen (Sturmhochwasser bei Nordostwind), von denen es seit 1950 hier drei gegeben hat, plötzlich zu Abträgen von mehreren Metern in kürzester Zeit führen.

Lage:

Auf der Küstenstraße von Stohl in Richtung Dänisch Nienhof; nach etwa 1,5 Kilometern vor einer Linkskurve am Straßenrand parken. Hier zweigt an einem Gehöft ein Feldweg nach Norden zum Kliff ab; dort Strandwanderung nach Südosten bis zu einem Treppenaufgang und auf einem Pfad an der Kliffoberkante zurück.

Literatur:

KANNENBERG 1951; KLUG, STERR & BOEDEKER 1988; MUUSS & PETERSEN 1978; PRANGE 1987; STERR 1985.

Kreis: Rendsburg-Eckernförde	TK100: C1522	Punkt Nr.: 49
UTM: 32UNF565339	Gauß-Krüger: r = 3 556500	h = 6035700

Ausgleichsküste der inneren Eckernförder Bucht bei Kiekut

Beschreibung:

Am Strand bei Kiekut überblickt man die innere Eckernförder Bucht, deren Ufer ein typisches Beispiel für eine Ausgleichsküste sind. Bei Kiekut befindet man sich am Angelpunkt zwischen östlich anschließendem Kliff und westlich und nördlich folgender Nehrungs- und Strandwall-Landschaft.

Das Altenhofer oder Schnellmarker Kliff ist in seinem östlichen Teil noch aktiv. Die nach frischem Abbruch interessanten Aufschlüsse in der Steilküste zeigen die Grundmoräne des letzten weichselzeitlichen Eisvorstoßes (Fehmarn-Vorstoß) über den durch Eisdruck von Osten bzw. Nordosten gestauchten und gefalteten Schmelzwasser- und Beckenablagerungen.

Mit einer küstenparallelen Längsströmung wurde das durch Kliffabbruch und submarine Abrasion des Vorstrandes bereitgestellte Material weiter nach Westen und dann nach Norden ins Innere der Bucht transportiert. So wurden der Goossee und das Windebyer Noor durch Nehrungen von der Ostsee abgetrennt. Die Stadt Eckernförde liegt auf dem äußersten Ende dieses Sandtransportbandes auf einem Strandwallfächer, dessen Süd-Nord-gerichtete Wälle und Senken noch heute sichtbar von den Straßenzügen im alten Ortskern nachgezeichnet werden. Die Altstadt wuchs so im Laufe der Zeit mit und auf den jeweils neuen Strandwällen des Fächers in die Bucht hinein. Ein Weiterwachsen des Nehrungssystems ist nicht mehr möglich, seitdem der küstenparallele Sandtransport durch den Bau der Torpedoversuchsstation mit der 250 Meter in die Bucht reichenden Mole unterbrochen ist. Vergleiche auch Punkt Nr. 47!

Lage:

An der B76 zwischen Gettorf und Eckernförde: Strand bei der Gaststätte Kiekut; Strandwanderung nach Osten entlang des Schnellmarker Kliffs: zunächst bewachsenes, totes Kliff (Bodenfließen am Hakenschlagen der Baumstämme erkennbar!); hinter dem Zeltplatz aktives Kliff mit Aufschluß.

Literatur:

HARCK 1980; PRANGE 1979; PRANGE 1987.

Kreis: Rendsburg-Eckernförde	TK100: C1522	Punkt Nr.: 50

UTM: 32UNF438316	Gauß-Krüger: r = 3 543800 h = 6033400

Stauchendmoränen der Hüttener Berge bei Schoothorst

Beschreibung:

Die Hüttener Berge sind fast lehrbuchhaft ausgeprägte Stauchendmoränen, die während der Weichseleiszeit von einer Gletscherzunge aufgeschoben wurden, die aus dem Bereich der heutigen Eckernförder Bucht kam. Sie bestehen aber kaum aus Möränenmaterial, sondern ganz überwiegend aus Schmelzwasserablagerungen, die der Gletscher beim kräftigen Wiedervorstoß nach dem Maximalstand der Vereisung aufschob. Es wird sich dabei um ein mehrfach wiederholtes Vorstoßen gehandelt haben, und zwar zu einer Zeit, als der bei Osterby aufdringende Salzstock sicher (noch) keinen Einfluß auf das glaziale Geschehen nahm.

Die Hüttener Berge bedecken ein Gebiet von 6 Kilometern Länge (in Südwest-Nordost-Richtung) und 4,5 Kilometern Breite (in Nordwest-Südost-Richtung). Hier sind etwa 30 hintereinander gestaffelte Stauchrücken festgestellt worden. Die gebogenen Wälle sind nach Nordost bis Ost offen; von dort drang das Eis vor. Die Stauchrücken sind 0,5 bis 3 Kilometer lang, 50 bis 300 Meter breit und haben relative Höhen von 5 bis 50 Metern. Die höchsten Erhebungen liegen auf den markantesten Stauchrücken (Scheelsberg: 106 m NN, Aschberg: 98 m NN, Tüteberg: 74 m NN). Die ehemalige Lage und Form der Gletscherstirn wird von den Wällen nachgezeichnet und kann auch aus dem Höhenlinienbild von Karten selbst kleineren Maßstabs abgelesen werden.

Vergleiche auch Punkte Nr. 51 und 52!

Lage:

Straße von Ascheffel Richtung Brekendorf; etwa 1,5 Kilometer hinter Ascheffel links auf den ausgeschilderten Parkplatz bei Schoothorst abbiegen; von dort Wanderung auf einem Feld-/Waldweg nach Westen (Richtung Brekendorf). Der Weg verläuft großenteils senkrecht zu den Endmoränenstaffeln. Über Brekendorf ist eine Rundwanderung möglich.

Literatur:

DEGN & MUUSS 1966; GLÜCKERT 1973; GRIPP 1954; GRIPP 1964.

Kreis: Rendsburg-Eckernförde	TK100: C1522	Punkt Nr.: 51

UTM: 32UNF450304	Gauß-Krüger: r = 3 545000 h = 6032200

Blick vom Aschberg in das Eckernförder Zungenbecken

Beschreibung:

Vom 98 Meter hohen Aschberg überblickt man nach Osten den Bereich des Eckernförder Zungenbeckens. Von dort her wurden während der Weichseleiszeit die Hüttener Berge durch den Eckernförder-Bucht-Gletscher als Stauchendmoränen aufgeschoben. Zuvor hatte jedoch beim Maximalstand der Vereisung der Eisrand noch ein Stück weiter im Westen gelegen.

Mehr noch als die absolute Höhe macht der relative Höhenunterschied zur Umgebung die Hüttener Berge zu einer der eindrucksvollsten Endmoränen Schleswig-Holsteins. Das Tal der Großen Hüttener Au, 4 Kilometer nordnordöstlich von hier, liegt beinahe im Meeresspiegelniveau. Zwischen Hüttener Au und dem Windebyer Noor liegen weitere, niedrigere Endmoränen von Rückzugsstadien des Eckernförder Gletscherlobus. Sie entstanden während kurzzeitiger Wiedervorstöße des langfristig zurückweichenden Eisrandes.

Im tieferen Untergrund steigt bei Osterby vermutlich heute noch ein Salzstock auf. Möglicherweise hat dieser Salzaufstieg gegen Ende der Weichseleiszeit dazu geführt, daß sich der Eckernförder Gletscher in zwei kleinere Zungenbecken teilte: nach Westnordwest zum Windebyer Noor und nach Südost in das Goossee-Wittensee-Becken. Ob das tiefliegende Tal der Hüttener Au durch einen Einbruch aufgrund von Salzauslaugung über dem Zentrum des Salzstockes oder durch glazigene Ausschürfung vor den Hüttener Bergen entstanden ist, bleibt vorerst ungeklärt. Salinartektonische Vorgänge solcher Art sind aber andernorts in Schleswig-Holstein nachgewiesen worden (Segeberg, Peissen). Auch hat man bei Hütten salziges Grundwasser in 30 Meter Tiefe erbohrt. Vergleiche auch Punkte Nr. 46, 50 und 52!

Lage:

Von Eckernförde in Richtung Autobahnanschluß Owschlag fahren, nach Ascheffel abbiegen, in Ascheffel der Beschilderung zum Aschberg folgen. Die Straße führt bis zur Jugendherberge auf dem "Gipfel"; Wanderwege vorhanden.

Literatur:

GLÜCKERT 1973; GRIPP 1954; GRIPP 1964; PRANGE 1985.

Beschreibung:

Vom Ostufer des Wittensees überblickt man diesen und die ihm westlich vorgelagerten Duvenstedter Berge. Fast modellhaft ist hier die Abfolge eines weichseleiszeitlichen Gletscherzungenbeckens und des dieses nach außen hin begrenzenden Stauchendmoränenkomplexes ausgebildet. Auch die Seitenmoränen sind erkennbar. Die Möglichkeit dieser eindeutigen genetischen Zuordnung hat man zum Anlaß genommen, die Volumina der Voll- und der Hohlform abzuschätzen. Die Duvenstedter Berge enthalten demnach 127 Mio. Kubikmeter Material, was dem Inhalt der See-Hohlform entsprechen soll.

Wie die Hüttener, bestehen auch die Duvenstedter Berge überwiegend aus Sanden und Kiesen, die der Gletscher vor seiner Stirn zusammenschob. Es handelte sich dabei um eine vergleichsweise schmale Eiszunge (knapp 3 Kilometer breit), die von Nordosten aus dem Bereich der Eckernförder Bucht vorstieß. Die Stirnmoränen erreichen 72 Meter ü. NN und haben eine relative Höhe zur Umgebung von etwa 50 Metern. Ähnlich wie die Hüttener Berge bestehen sie aus zahlreichen Stauchmoränenwällen hintereinander.

Vermutlich sind die Duvenstedter Berge etwas jünger als die nördlich benachbarten Hüttener Berge. Der Gletscher wurde in ein schmales Zweigbecken gedrängt, ein weiterer lag im Bereich des Windebyer Noores. Dazwischen hat möglicherweise der aufsteigende Salzstock von Osterby den Weg des Eises zu den Hüttener Bergen versperrt. Spätere Rückzugsstadien sind in den Stauchendmoränen bei Haby und Holtsee zu erkennen. Die Hohlform des heute weithin verlandeten Goossees ist das kleine Zweigbecken eines letzten Vorstoßes in dieses Gebiet.

Vergleiche auch Punkt Nr. 51!

Lage:

Badestelle am Ostufer des Wittensees, an der Straße von Haby nach Groß Wittensee.

Literatur:

DEGN & MUUSS 1984; GLÜCKERT 1973; GRIPP 1954; GRIPP 1964; SCHLENGER, PAFFEN & STEWIG 1969.

| Kreis: Rendsburg-Eckernförde | TK100: C1922 | Punkt Nr.: 53 |

UTM: 32UNF538278   Gauß-Krüger: r = 3 553800   h = 6029600

Habyer Trompetentälchen: weichseleiszeitliche Rinne

Beschreibung:

Südlich von Haby verläuft ein tief eingeschnittenes Tal vom
Holtsee zum Wittensee, das heute von der kleinen Habyer Au
durchflossen wird. Talabwärts erweitert es sich trompeten-
förmig. Dabei ist offensichtlich, daß diese Hohlform nicht
auf die schwache Erosionsleistung der heutigen Habyer Au
zurückgeführt werden kann. Es handelt sich um ein Trompetentälchen, eine Schmelzwasserrinne der Weichseleiszeit.

Nach dem Hauptvorstoß des Eckernförder Bucht-Gletschers,
der das Wittensee-Zungenbecken und die Stauchendmoränen der
Duvenstedter Berge schuf, zog sich der aktive Eisrand zurück. Dieser Rückzug wurde mehrfach von Phasen des Wieder-
vorstoßens unterbrochen, bei denen die Endmoränenkomplexe
nordwestlich von Haby und Holtsee entstanden. Die Schmelzwässer der Holtseer Phase sammelten sich in einem Eisstausee im Bereich des heutigen Holtsees. Sie müssen dort zumindest einen Teil ihrer Sedimentfracht abgelagert haben.
Die nach Südwesten überlaufenden Wässer durchschnitten dann
mit großer Erosionsleistung die äußeren Rückzugsstaffeln
und schufen das Habyer Trompetentälchen, das in das Witten-
seebecken mündet. Dieses wiederum hatte seinen Überlauf in
einer ebenfalls tief erodierten Rinne, die vom Südwestende
des heutigen Wittensees bei Bünsdorf nach Schirnau führt.

Trompetentälchen entstehen allgemein dort, wo die in Eisstauseen vorgeklärten Schmelzwässer die Endmoränenlagen
durchbrechen und in einem energiereichen, verwilderten
Gerinnesystem, das sich nach außen hin verbreitert, abfließen. Sie sind vor allem aus dem nördlichen Alpenvorland
bekannt.

Vergleiche auch Punkt Nr. 52!

Lage:

Am südlichen Ortsausgang von Haby steht man am nördlichen
Rand des Habyer Trompetentälchens. Die Landstraße quert den
Talverlauf mehr oder weniger senkrecht.

Literatur:

GLÜCKERT 1973; GRIPP 1954.

| Kreis: Rendsburg-Eckernförde | TK100: C1922 | Punkt Nr.: 54 |

UTM: 32UNF381241 Gauß-Krüger: r = 3 538100 h = 6025900

Sorgwohlder Binnendünen am Nordrand der Sorge-Niederung

Beschreibung:

Das Naturschutzgebiet der Sorgwohlder Binnendünen, 3 Kilometer südlich von Owschlag gelegen, gehört zu einem größeren Flugsand- und Dünenareal, das im Weichselspätglazial und beginnenden Holozän entstand. Die äolischen Fein- und Mittelsande, die stellenweise zu Dünen von einigen Metern Höhe aufgeweht wurden, liegen auf den glazifluvialen Sanden und Kiesen des Owschlager und Fockbeker Sanders. Der Owschlager Sander wurde während des Maximalvorstoßes der Weichseleiszeit von einem Gletschertor bei Owschlag als 40 Meter mächtiger Kegelsander aufgeschüttet. Im Spätglazial wurden die Sanderablagerungen von Schmelzwässern, die von der Bistenseerinne kommend bei Stenten aus dem Jungmoränengebiet austraten, im Sorgetal bis -10 m NN tief erodiert. An den sandigen, zu der Zeit steilen und vegetationsfreien Ufern dieser Abflußrinne wurden durch westliche Winde die Flugsande zu Dünen aufgeweht. Heute ist das Sorgetal mit holozäner Mudde aufgefüllt; den Abschluß nach oben bildet der Niedermoortorf.

Die nur schwache Bodenbildung im Binnendünenareal deutet darauf hin, daß das Gebiet in historischer Zeit durch Entwaldung, Beweidung und vielleicht auch durch Heideplaggenentnahme anthropogen überformt wurde. Aufgrund dieser flächenhaften Zerstörung der Vegetations- und Bodendecke kam es erneut zu äolischer Flugsandumlagerung.

Lage:

Auf der B 77 von Rendsburg nach Norden. Dort, wo zur Linken der Staatsforst Rendsburg beginnt, zweigt rechts ein Fahrweg nach Sorgwohld ab. Hinter der Sorgebrücke (für Busse gesperrt) nach rechts. Nach weniger als einem Kilometer zweigt in einer Linkskurve des Fahrweges, der weiter nach Owschlag führt, ein Feldweg nach rechts ab. Von hier zu Fuß nach Osten in das Naturschutzgebiet "Sorgwohlder Binnendünen" hinein. Busse müssen den Weg von Owschlag unter der Bahnlinie hindurch in Richtung Sorgwohld nehmen.

Literatur:

GLÜCKERT 1973; GRIPP 1964; MEIER 1985; SCHLENGER, PAFFEN & STEWIG 1969; STREHL 1985.

Binnensander zwischen Russee/Ihlkate und Steinfurt

Beschreibung:

Die Kiesgrubenaufschlüsse zwischen Russee/Ihlkate und
Steinfurt zeigen, daß es sich bei diesem Gebiet unmittelbar
nördlich der Eider (zwischen Schulensee und Westensee) um
einen Binnensander handelt. Er gehört zur Eisrandlage des
vierten weichselzeitlichen Vorstoßes. Dieser "Sehberg-Vor-
stoß" schuf den in Ost-West-Richtung verlaufenden Stauch-
endmoränenzug, der die Kieler Förde im Süden begrenzt
(Hornheimer Riegel mit Fernsehturm) und sich etwa entlang
der B202 bis Achterwehr verfolgen läßt.

Das Gebiet des Binnensanders zwischen Ihlkate und Steinfurt
ist durch Kuppen und Senken stärker gegliedert. Die Ursache
dafür sind Nachsackungen über im Untergrund abtauendem Toteis, das dort während vorangegangener Weichselvorstöße lie-
gengeblieben und durch überlagernde Sedimente bis in das
beginnende Holozän fossilisiert war. In den Aufschlüssen ist stellenweise zu erkennen, daß die Straten der
gut geschichteten Sande und Kiese parallel zur welligen
Oberfläche verlaufen. Auch kleine Verwerfungen in den Sedimenten deuten auf die Toteisdynamik.

Während der drei dem Sehberger Stadium vorangegangenen Eisvorstöße waren die Schmelzwässer jeweils nach Süden über
die Eidertal- und Bordesholm-Einfelder Rinne dem Neumünste-
raner Sander zugeführt worden. Zur Zeit des vierten Vorstoßes änderte sich die Abflußrichtung. Die Wässer wurden
zum Westenseebecken und von dessen Westende durch eine
Rinne über Emkendorf nach Südwesten abgeführt.

Vergleiche auch Punkte Nr. 56 und 57!

Lage:

In Kiel-Russee von der B202 nach Süden in den Ihlkatenweg
einbiegen; Aufschlüsse in teilweise rekultivierten Kiesgruben an der Straße von Russee/Ihlkate nach Steinfurt:
hinter der Autobahnunterführung rechts der Straße.

Literatur:

FRÄNZLE 1983; HERRMANN 1971; STEPHAN & MENKE 1977;
STEPHAN, KABEL & SCHLÜTER 1983.

Westensee bei Hohenhude: Periglazialtälchen und Seeterrasse

Beschreibung:

Von der ehemaligen Gaststätte "Zur Eiderschweiz" in Hohenhude überblickt man das breite und tief eingeschnittene Eidertal an seiner Mündung in den Westensee. Hier flossen Schmelzwässer eines Rückzugsstadiums der Weichseleiszeit vom Südende des Kieler Bucht-Gletschers in das Westenseebecken. Aber auch bei der Herausbildung des heutigen Abflußsystems im Holozän wird hier noch erodiert worden sein. Heute akkumuliert die Obereider an ihrer Einmündung in den Westensee ein kleines Mündungsdelta.

Zum Eidertal und Westenseeufer verlaufen kleine Periglazialtälchen, in denen heute (fast) kein Wasser mehr fließt. Auf dem Weg von Hohenhude zur Hohburg erkennt man zwei von ihnen sehr deutlich, da sie nicht bewaldet sind und senkrecht auf Weg und Ufer zulaufen. Sie entstanden, als im beginnenden Holozän der Untergrund noch gefroren war und das Schneeschmelz- und Regenwasser oberflächlich abfließen mußte. Dabei wurden über kurze Zeit kräftige Erosionsleistungen erreicht, die die heute trockenen Tälchen schufen.

Im Bereich der bewaldeten Halbinsel mit der Hohburg findet man deutlich jüngere Landschaftselemente. Hier, wie auch an anderen Stellen des Westenseeufers, sind eine fossile Seeterrasse und das zugehörige Kliff ausgebildet. Die Abrasionsschorre fiel trocken und wurde zur Seeterrasse, als man 1892 im Zuge einer Eiderregulierung den Seespiegel um etwa einen Meter absenkte.

Lage:

Von der B202 zwischen Kiel und Achterwehr bei Schönwohld nach Süden in Richtung Rumohr abbiegen; hinter Steinfurt rechts ab (Westen) nach Hohenhude; von hier zu Fuß auf dem Fahrweg am See entlang, über den Schierenseebach und rechts ab in den Wald; Wald-Rundwanderung auf der nach Norden in den See ragenden Halbinsel mit der Hohburg; Bademöglichkeit an der Seebadestelle unterhalb Hohenhude.

Literatur:

GRIPP 1953; HENNING 1973; MUUSS, PETERSEN & KÖNIG 1973; STANSCHUS-ATTMANNSPACHER 1969.

| Kreis: Rendsburg-Eckernförde | TK100: C1922 | Punkt Nr.: 57 |

| UTM: 32UNF590137 | Gauß-Krüger: r = 3 559000 h = 6015500 |

Tüte-Berg: Stauchendmoräne und Westenseebecken

Beschreibung:

Der 88 Meter hohe Tüte-Berg ist Teil einer sehr deutlich ausgeprägten Stauchendmoräne. Diese gehört zum dritten weichselzeitlichen Eisvorstoß in diesem Gebiet, der vielerorts solche markanten Eisrandbildungen hinterließ. Bei GRIPP (1964) zählt sie zu den sog. M-Moränen; diese entstanden nach den äußeren Moränen des Maximalvorstoßes und vor den inneren Rückzugsstadien des Spätglazials. Die Westenseemoräne läßt sich nach Südosten über Gut Schierensee bis zum Heilige-Berg in Blumenthal weiterverfolgen. Auch jenseits des Obereidertales setzt sie sich in den Höhen von Schönhorst und Boksee fort.

Vom Tüte-Berg blickt man nach Norden in das Westensee-Zungenbecken, in dem der zu dieser Endmoräne gehörige Gletscher lag. Die größte Wassertiefe im Westensee beträgt heute 20 Meter. Das Westenseebecken war nach dem endgültigen Rückzug der aktiven Eisfront zeitweise ein Staubecken, in das von Osten her Schmelzwässer eines späteren Rückzugsstadiums vom Südende der Kieler Förde hineinflossen. Staubeckenabsätze wurden bei Bossee am westlichen Seeufer gefunden. Der Überlauf des Beckens lag beim heutigen Ort Westensee, von wo eine deutlich erkennbare Rinne nach Emkendorf verläuft und dort die Grenze zwischen Jungmoränengebiet und Sandergeest erreicht. Sie wird heute in umgekehrter Richtung von einem kleinen Bach durchflossen.

Vergleiche auch Punkte Nr. 56 und 58!

Lage:

Am östlichen Ortsausgang von Westensee führt noch vor der neuen Jugendherberge ein befestigter Fahrweg auf den Tüte-Berg (für Busse nicht geeignet); auf diesem bis zum Ende der Sackgasse beim "Anwesen Hinz"; von hier Rundwanderung auf dem Tüteberg mit guter Aussicht nach Norden über das Westenseebecken.

Literatur:

GRIPP 1953; GRIPP 1964; MUUSS, PETERSEN & KÖNIG 1973; SCHLENGER, PAFFEN & STEWIG 1969.

Kreis: Rendsburg-Eckernförde	TK100: C1926	Punkt Nr.: 58

UTM: 32UNF655099	Gauß-Krüger: r = 3 565500 h = 6011700

Heilige-Berg in Blumenthal: Stauchendmoräne

Beschreibung:

Der Heilige-Berg in Blumenthal erreicht 79 Meter ü. NN. Er gehört zu einem mächtigen Stauchendmoränenkomplex, der sich vom Tüte-Berg bei Westensee über Gut Schierensee, Blumenthal, Techelsdorf und Schönhorst bis Boksee erstreckt. Es handelt sich um die markante Endmoräne des dritten weichselzeitlichen Eisvorstoßes. Die ehemaligen und rezenten Kiesgrubenaufschlüsse östlich von Blumenthal zeigten und zeigen, daß hier vor allem Schmelzwassersande und -kiese aufgestaucht wurden.

Die dem dritten vorangehenden ersten beiden weichselzeitlichen Eisvorstöße reichten weiter nach Süden. Wie die aus Bohrungen bekannte Verbreitung der ihnen zuzuordnenden Ablagerungen erweist, erreichte der erste mindestens das Südende des Einfelder Sees. Der zweite endete vermutlich im heutigen Stadtgebiet von Neumünster. Sie hinterließen dort aber keine überdauernden markanten Eisrandbildungen. Dies ist auch nicht zu erwarten, denn in dem betreffenden Gebiet flossen auch anschließend noch Schmelzwässer nach Süden ab. Dadurch sind eventuell vorhanden gewesene Randlagen zerspült und überlagert worden.

Vergleiche auch Punkte Nr. 57 und 59!

Lage:

Von der B4 Kiel-Neumünster (oder der Autobahn A215) nach Blumenthal abbiegen; in Blumenthal rechts ab Richtung Rumohr ("Lehmberg"). Die Straße Richtung Rumohr führt unmittelbar am Heilige-Berg vorbei. Am nördlichen Ortsausgang zweigt ein Weg nach rechts auf den Berg ab.

Einen Aufschluß in den gestauchten Kiesen und Sanden dieser Eisrandlage findet man auf gleicher Höhe unmittelbar östlich der Autobahn, in einer Kiesgrube zwischen B4 und A215. (Zufahrt von der B4 aus).

Literatur:

FRÄNZLE 1981; FRÄNZLE 1983; STEPHAN, KABEL & SCHLÜTER 1983; STEPHAN & MENKE 1977.

| Kreis: Rendsburg-Eckernförde | TK100: C1926 | Punkt Nr.: 59 |

Kreis: Rendsburg-Eckernförde **TK100:** C1926 **Punkt Nr.:** 59

UTM: 32UNF670075 **Gauß-Krüger:** r = 3 567000 h = 6009300

Kames-Rücken zwischen Grevenkrug und Bordesholm

Beschreibung:

Das Gebiet zwischen Grevenkrug und Einfeld war während des ersten weichselzeitlichen Eisvorstoßes, der mindestens bis an das Südende des Einfelder Sees reichte, eine Zone verstärkter Exaration. Bei der Eintiefung der Bordesholm-Einfelder Rinne, die ihre nördliche Fortsetzung im Eidertal bis Grevenkrug (Waldsiedlung) hat, spielten aber auch subglaziäre Schmelzwässer eine bedeutende Rolle. Mächtige, bis in große Tiefe erbohrte Schmelzwasserablagerungen belegen die Existenz eines Tunneltales in diesem Bereich zur Zeit des ersten Weichselvorstoßes (STEPHAN & MENKE 1977).

Am Ende des ersten und auch des zweiten Weichselvorstoßes blieben umfangreiche Teile des Inlandeises als stagnierendes Eis liegen bzw. wurden durch Überschotterung mit Schmelzwassersedimenten zu Toteis fossilisiert. Als der dritte weichselzeitliche Vorstoß dann die markante Stauchendmoräne von Blumenthal schuf, flossen die Schmelzwässer wieder über das Gebiet der Bordesholm-Einfelder Rinne nach Süden ab. Diese Rinne war nun in das Toteis des zweiten Vorstoßes eingetieft; die Ufer wurden von inaktiven Eismassen gebildet. Als schließlich am Ende der Weichseleiszeit die ursprünglich begrenzenden seitlichen Eismassen niedertauten, blieb die Rinnenfüllung aus Schmelzwassersedimenten in Form der langgestreckten Kames-Rücken zwischen Grevenkrug und Bordesholm zurück. Sie bestehen aus gut geschichteten Kiesen und Sanden, die in diesem Gebiet in mehreren Gruben beiderseits der B4 abgebaut werden. In den oberen Dezimetern ist die Schichtung oft turbat gestört.

Vergleiche auch Punkt Nr. 61!

Lage:

Die Schmelzwasserablagerungen der Kameslandschaft bei Grevenkrug sind in den Kiesgruben an der B4 zwischen der Autobahnabfahrt Blumenthal (A215) und Bordesholm gut aufgeschlossen.

Literatur:

FRÄNZLE 1981; FRÄNZLE 1983; HERRMANN 1971; HÖLTING 1958; HORMANN 1969; STEPHAN, KABEL & SCHLÜTER 1983; STEPHAN & MENKE 1977.

Kreis: Rendsburg-Eckernförde	TK100: C1926	Punkt Nr.: 60
UTM: 32UNF685051	Gauß-Krüger: r = 3 568500 h = 6006900	
Kerbtal der Eider bei Reesdorf und verlandeter Eidersee		

Beschreibung:

Bei Reesdorf bricht die Eider in einem tief eingeschnittenen Kerbtal nach Westen zur Niederung des Eidertales nördlich der Schmalstedter Mühle durch. Die Lokalität ist in besonderem Maße geeignet, die polygenetische Herausbildung des heutigen Abflußsystems im Jungmoränengebiet zu verdeutlichen. Gegen Ende der Weichseleiszeit, im Alleröd, entstanden durch das beginnende Tieftauen von Toteis im Untergrund zahlreiche zunächst flache Senken. In ihnen bildeten sich Seen - anfangs noch über und randlich zu Toteiskörpern. Dies war auch hier im Bereich des Eidertales nördlich der Schmalstedter Mühle der Fall. Mit fortschreitendem Tieftauen des Toteises, besonders beschleunigt seit dem Präboreal (Frühholozän), entstanden weitere Senken und bestehende vertieften sich. Das darin gesammelte Wasser bahnte sich seinen Weg von Senke zu Senke und verband diese zu einem polygenetischen, sehr unregelmäßigen Abflußsystem. Die Rücken zwischen den Senken wurden, wie hier bei Eiderkaten-Reesdorf, erosiv durchschnitten.

Das im Kerbtal bei Reesdorf erodierte Material wurde in den ehemaligen Eidersee nördlich der Schmalstedter Mühle geschüttet. Dies begünstigte die Verlandung des Eidersees, die aber erst in historischer Zeit abgeschlossen war. Die Basis der Verlandungsbildungen reicht bis zu 25 Meter tief unter die heutige Oberfläche (bis -10 m NN). Auch die nördlich anschließenden Bereiche des Eidertales bestehen aus einer Reihe aneinandergekoppelter Toteissenken.

Vergleiche auch Punkt Nr. 59!

Lage:

Am nördlichen Ortsausgang von Reesdorf (nordöstlich von Bordesholm) nach Westen in den "Eiderweg" einbiegen. Dieser führt hinab in das Eidertal; erst hinter dem Eisenbahndamm, der das Tal quert, nach links über die Eiderbrücke; dann am linken Flußufer entlang bis zur Niederung des verlandeten Eidersees.

Literatur:

FRÄNZLE 1981; FRÄNZLE 1983; STEPHAN & MENKE 1977; STEPHAN, KABEL & SCHLÜTER 1983.

UTM: 32UNE663996 | Gauß-Krüger: r = 3 566300 h = 6001400

Dosenmoor bei Einfeld: Hochmoor über einer Toteissenke

Beschreibung:

Das Dosenmoor ist mit 575 ha das größte Hochmoor im Bereich des Jungmoränengebietes. Es verdankt seine Entstehung, wie der benachbarte Einfelder See, dem Tieftauen von Toteisresten im Untergrund. Das Gebiet wurde während der beiden ersten weichselzeitlichen Eisvorstöße vom Inlandeis überfahren. Im Bereich der Bordesholm-Einfelder Rinne hatte sich während des ersten Weichselvorstoßes ein Tunneltal gebildet, in dem anschließend Toteis liegenblieb und die Hohlform konservierte. Die Dosenmoorsenke gehört nicht mehr zum Tunneltalbereich, wohl aber zur Hauptexarationszone des ersten Vorstoßes. Auch in ihr blieb Toteis liegen. Der zweite Vorstoß ging darüber hinweg und hinterließ hier eine geringmächtige Grundmoräne. Während des dritten Vorstoßes, der nur bis Blumenthal reichte, flossen hier in einer Rinne Schmelzwässer nach Süden ab. Als im Postglazial durch das Tieftauen der zu beiden Seiten lagernden Eismassen die Senken des Einfelder Sees und des Dosenmoors freigegeben wurden, blieben die in dieser Rinne sedimentierten Schmelzwassersande als langgestreckter Kameszug stehen. Auf ihm verlaufen heute die B4 und die Bahnlinie.

In der Dosenmoorsenke bildete sich zunächst ein See, der anschließend verlandete. Über den untersten Seesedimenten folgen Nieder-, Zwischen- und Hochmoortorfe. Die Torfmächtigkeit beträgt heute maximal 11 Meter. Durch Torfabbau und Entwässerung wurde die ursprünglich zum Zentrum hin aufgewölbte Hochmooroberfläche stark verändert. Seit 1979 versucht man, das Hochmoorwachstum durch Wassereinstau zu regenerieren.

Vergleiche auch Punkt Nr. 59!

Lage:

Auf der B4 von Bordesholm Richtung Neumünster; beim Gasthaus "Zur Alten Schanze" am Einfelder See nach links auf einen Weg abbiegen, der unter der Eisenbahnlinie hindurch führt; von dort auf Wanderwegen ins Moor.

Literatur:

ALETSEE 1959; FRÄNZLE 1981; MEIER 1985.

Kreis: Rendsburg-Eckernförde	TK100: C1922	Punkt Nr.: 62

UTM: 32UNE484918 | Gauß-Krüger: r = 3 548400 h = 5993600

Box-Berg: Landschaftsformung während der Saaleeiszeit

Beschreibung:

Der Box-Berg im Aukrug erreicht 77 Meter ü. NN. Es handelt sich um eine saaleeiszeitliche Altmoränenkuppe, die überwiegend aus Sanden besteht. Während des jüngeren Abschnitts der Saaleeiszeit, im Wartheglazial, oszillierte der Eisrand in diesem Gebiet mehrfach vor und zurück. Die Schmelzwässer sammelten sich jeweils im Lockstedter Sander, der etwa 5 Kilometer südsüdwestlich von hier bei Hennstedt ansetzt. Die Höhe des Box-Berges selbst wird als Rest einer Stauchendmoräne eines der Rückzugsstadien angesehen.

Zwischen dem Aukrug und den Höhen um Hohenwestedt verläuft nur 2 km vom Box-Berg entfernt das stark eingetiefte Tal der Buckener Au von Nordost nach Südwest. Der Höhenunterschied beträgt bis zu 60 Meter: ein Betrag, der für die Altmoränenlandschaft beträchtlich ist. In der Tiefenlinie der Talung stieß im späten Wartheglazial ein Gletscherlobus noch einmal weit nach Südwesten vor und zerstörte dabei die zuvor geschaffenen Eisrandbildungen. Der Box-Berg ist der an seiner linken Flanke übriggebliebene Rest einer der ausgeräumten Endmoränen.

Während der Weichseleiszeit blieb das Gebiet eisfrei, wurde aber unter Periglazialbedingungen überformt. In der Buckener Au-Rinne flossen die vom Nortorfer Gletschertor kommenden Schmelzwässer nach Südwesten ab. Die sandigen Altmoränenkuppen wurden radial zertalt und äolisch überformt. Zeugen des Windschliffs sind die hier überall auf den Äckern zu findenden facettierten Windkanter.

Lage:

Auf der B430 von Neumünster in Richtung Hohenwestedt fahren; etwa 2,5 Kilometer nach der Abzweigung Richtung Hennstedt/Itzehoe auf den Parkplatz an der B 430 mit dem Hinweisschild "Restaurant/Imbiß am Box-Berg"; von dort Wanderung auf und um den Box-Berg; Wanderwege im Wald, auch südlich der B430 im Teichwirtschaftsgebiet.

Literatur:

DEGN & MUUSS 1984; PICARD 1959; STREMME & MENKE 1980.

Exkursionsziele in den Kreisen Plön und Ostholstein und in den Städten Kiel und Lübeck

(Exkursions-Punkte 63–80)

OSTSEE

Nordlicher
Binnensee
Fehmarn
207
63

68
66
65
E47
Burg
67
Heiligenhafen
69
70
Fehmarn-Sund

Kiel
502
207

Hohwachter Bucht

A 210
71
Gr. Binnensee
73
Oldenburg

Selenter
See
72
Hohwacht
(Holst.)
501

202
74
Oldenburger Graben

Post
Preetz
430
75
A1
See

404
76
Lanker See

Plön
Gr. Eutiner See
76
501
Grömitz

78
Plön.
Eutin
OSTSEE

76
See
77
76

A 21

430
Neustadt
(Holst.)

Exkursionsziele in den
Kreisen Plön und Ost-
holstein und in den Städten
Kiel und Lübeck

Neustädter
Bucht
432
207
A1
79
80
Lübecker Bucht

5 0 5 10 km

Lübeck
206
75
Trave
Pötenitzer Wiek

A1
Wakenitz

Kreis: Ostholstein	TK100: C1530	Punkt Nr.: 63

UTM: 32UPF467358 | Gauß-Krüger: r = 4 452200 h = 6035500

Drumlinlandschaft Ost-Fehmarns bei Gahlendorf

Beschreibung:

Fehmarn bietet über weite Flächen hin das typische Beispiel
für eine extrem flache Grundmoränenlandschaft, die durch
Exaration während des Weichselspätglzials entstand. Im östlichen Teil der Insel sind jedoch auch etwas unruhigere
Oberflächenformen zu finden. Sie entstanden durch eine
Überformung älterer Eisrandbildungen während des letzten
weichselzeitlichen Gletschervorstoßes. Dieser "Fehmarn-Vorstoß" erfolgte von Ost nach West. Das Eis stieß dabei auf
ältere, aber ebenfalls weichseleiszeitliche Stauchendmoränen, die zuvor von Norden aufgeschoben worden waren und
Ost-West-Erstreckung hatten. In ihnen sind Schollen von
alttertiärem Tarras-Ton aufgeschuppt, die bei Gahlendorf
und Katharinenhof auch oberflächennah anstehen.

Das Eis des Fehmarn-Vorstoßes rückte hier gegen ansteigen-
des Gelände vor; dadurch kam es zu einer leichten Divergenz
der Eisstromrichtung mit geringfügiger Ablenkung der Strom-
linien nach Süden und Norden. In solchen Gebieten der Eisstromdivergenz bei ansteigendem Gelände bilden sich bevorzugt Drumlinlandschaften. Dies ist offenbar auch hier geschehen: Der ältere Stauchendmoränenkomplex wurde abge-
schliffen und drumlinisiert. Die Längsachsen der Drumlins
zeichnen die ost-westliche Vorstoßrichtung nach. Die zum
Fehmarn-Vorstoß gehörende, jüngere Grundmoränendecke, die
sonst fast überall die Oberfläche der Insel bildet, fehlt
auf dem Südostzipfel Fehmarns weitgehend, so auch hier bei
Gahlendorf. Im nördlichen Abschnitt des Katharinenhofer
Kliffs ist sie jedoch vorhanden.
Vergleiche auch Punkte Nr. 64 und 67!

Lage:

Von Burg auf Fehmarn über Vitzdorf nach Gahlendorf; von
dort weiter nach Osten über die Höhe 24,8 (Drumlin) auf die
Küste zu, Richtung "Strand", "Reiterhof Wachtelberg"). Weitere Drumlins bzw. drumlinoide Rücken sind die langgestreckten Höhen östlich Bannesdorf, bei Katharinenhof und
östlich Meeschendorf (Hinrichs-Berg).

Literatur:

SEIFERT 1954; SEIFERT 1965; STEPHAN 1987.

Kreis: Ostholstein	TK100: C1530	Punkt Nr.: 64

UTM: 32UPF480355 Gauß-Krüger: r = 4 453500 h = 6035100

Kliff bei Katharinenhof: Aufschluß im tertiären Tarras-Ton

Beschreibung:

Am teilweise bewaldeten Kliff von Katharinenhof steht der alttertiäre Tarras-Ton an. An den Störungen im Baumbestand ist zu erkennen, daß es hier zu Rutschungen über dem als Gleitmittel wirkenden, sehr feinkörnigen und quellfähigen Ton kommt. Das Hangende bildet ein kalkreicher Geschiebemergel: die Grundmoräne des letzten weichselzeitlichen Eisvorstoßes (Fehmarn-Vorstoß).

Der Tarras-Ton wird im Untergrund der Insel Fehmarn in situ erst in einer Tiefe von 25 bis 75 Metern angetroffen; einzelne Schollen sind aber verschleppt und, wie hier, in die Grundmoräne eingeschuppt. Es handelt sich um ein marines Stillwassersediment. Der Ton ist sehr fein und von olivgrüner oder bräunlicher Farbe; er enthält Konkretionen von verfestigtem Ton, Pyrit- und Phosphoritknollen. Der Fossilinhalt (Crinoidenstiele, Muscheln, Schnecken, Dinoflagellaten, Fischschuppen) erlaubt eine Datierung in das Untereozän 2. Der reine grüne oder braune Tarras-Ton erreicht Tongehalte von bis zu 80%; die restlichen 20% bestehen fast ausschließlich aus Schluff. Die Analyse des Tonmineralbestandes zeigt, daß Montmorillonit und Illit überwiegen. Dadurch ist der Ton bei Wasseraufnahme sehr quellfähig.

Eingelagert in den Tarras-Ton kommen Lagen von vulkanischen Tuffiten vor; sie stammen von alttertiären Ausbruchsstellen im Gebiet des heutigen Skagerraks (GRIPP 1964). Die vulkanischen Aschen wurden mit dem Wind südwärts verfrachtet und gingen auf der Meeresoberfläche nieder; sie sanken ab und wurden in den marinen Ton eingelagert. Im Katharinenhofer Kliff sind sie jedoch kaum aufgeschlossen.

Vergleiche auch Punkt Nr. 63!

Lage:

Von Burg auf Fehmarn über Vitzdorf nach Katharinenhof, von hier nach Norden und dann rechts ab zum Parkplatz an der Küste; am Strand ein Stück weit nach Norden.

Literatur:

GRIPP 1964; POUR-NAGHSHBAND 1978; SCHLENGER, PAFFEN & STEWIG 1969.

| Kreis: Ostholstein | TK100: C1530 | Punkt Nr.: 65 |

Kreis: Ostholstein   TK100: C1530 | Punkt Nr.: 65

UTM: 32UPF310345 | Gauß-Krüger: r = 4 436400 h = 6034800

Strandwall-Haken Krumm-Steert bei Flügge auf Fehmarn

Beschreibung:

Die Westküste Fehmarns ist in ihrer ganzen Länge eine
Flachküste. Obwohl also durch Kliffabbruch hier nirgends
Material aufbereitet wird, haben sich weithin Strandwall-
und Nehrungssysteme bilden können.

Westlich von Bojendorf, etwa 6 Kilometer nördlich des Flügger Leuchtturms, liegt der Aufhängepunkt eines großen, nach
Süden hin aufgebauten Strandwallsystems, das heute im Haken
Krumm-Steert endet. Eine nach Süden setzende Küstenströmung
transportiert entlang eines küstenparallelen Sandriffs hier
das Sandmaterial, das die Strandwallküste aufbaut. Das Liefergebiet ist eine große submarine Abrasionsfläche vor der
Westküste von Fehmarn.

Das Gebiet zwischen Gut Flügge und dem Flügger Leuchtturm
war ehemals eine Insel. Es besteht im Kern aus Becken- und
Schmelzwasserablagerungen, randlich aus sandstreifiger
Grundmoräne. Das von Bojendorf südwärts gewachsene Strandwallsystem erreichte schließlich diese Flügger Insel und
integrierte sie in das nunmehr nach Süden verlängerte Sand-
transportband. KÖSTER (1955) schließt aus einer historischen Kartendarstellung von 1648, die noch einen breiten
Wasserarm zwischen Insel und Nehrung zeigt, daß dies vor
etwa 200 Jahren geschah. Seitdem hat der Haken Krumm-Steert
einen stark beschleunigten Anwachs. Er biegt in typischer
Weise in die Bucht der Orther Rheede ein.

Lage:

Von Petersdorf über Kopendorf, Sulsdorf, Püttsee und Gut
Flügge zum Flügger Leuchtturm an der Südwestspitze Feh-
marns; von hier Strandwanderung zum Haken Krumm-Steert
(Naturschutzgebiet).

Literatur:

KÖSTER 1955; MAGENS 1957; MUUSS & PETERSEN 1978;
SEIFERT 1965.

Kreis: Plön	TK100: C1526	Punkt Nr.: 66

UTM: 32UNF841322	Gauß-Krüger: r = 3 584100 h = 6034000

Bottsand-Haken bei Marina Wendtorf

Beschreibung:

Der Bottsand-Haken nordöstlich Stein ist ein ganz junges Gebilde. Noch im Jahre 1880 stand der Barsbeker See, der in rascher Verlandung begriffen ist, mit der Bucht von Stein in Verbindung. Unter dem Eindruck der verheerenden Ostsee-sturmflut vom 12./13. Nov. 1872 wurde 1880-82 der Deich ge-baut, der diese Verbindung endgültig abschnitt. Erst seit-dem hat sich der Bottsand-Haken nach Südwesten hin aufge-baut und ist inzwischen auf über 1 Kilometer Länge ange-wachsen. Das Material, aus dem seine Strandwälle bestehen, stammt nicht vom Kliffabbruch, sondern vom submarinen Vor-strand des sehr flachen Küstenvorfeldes; entlang mehrerer paralleler Sandriffe wird es hier von Nordost nach Südwest durch die Küstenströmung transportiert. Allerdings ist das Hakenwachstum inzwischen künstlich unterbrochen. In den Jahren 1971-73 wurde das Fremdenverkehrszentrum Marina Wendtorf auf einer Spülfläche im Flachwassergebiet des weitgehend abgeschnürten Haffs errichtet. Für den Yacht-hafen wurde eine Findlingsmole an der Hafeneinfahrt gebaut. Die Fahrrinne, die aufgrund der Küstenströmung zur Ver-sandung neigt, muß häufig freigespült werden; sie verläuft quer zur Sandtransportrichtung.

Auch am Nordufer des Bottsandes wurden senkrecht zur Küste Steinmolen errichtet, die jedoch ihren Küstenschutzzweck kaum erfüllen. Sie verursachen starke Lee-Erosion und in der Folge bei Nordost-Sturmhochwasser auch Dünenabbrüche und Küstenrückgang. Im Winter 1978/79 kam es zu einem 100 Meter breiten Durchbruch des Hakens.

Lage:

Von Marina Wendtorf zu Fuß auf dem Deich nach Norden an den Nordrand des Naturschutzgebietes zum Strand. Das Natur-schutzgebiet ist abgezäunt und darf mit Ausnahme eines 280 Meter langen Strandabschnitts nicht betreten werden. Das Gebiet des Bottsandes kann vom Deich oder vom Yachthafen überblickt werden; Strandwanderung nach Osten möglich.

Literatur:

HINGST & MUUSS 1978; HINTZ 1958; KACHHOLZ 1979; KLUG, ERLENKEUSER, ERNST & WILLKOMM 1974; MEIER 1988.

Kreis: Ostholstein	TK100: C1530	Punkt Nr.: 67

UTM: 32UPF404305	Gauß-Krüger: r = 4 445700 h = 6030500

Kliff am Wulfener Berg: Aufschluß in einem Drumlin

Beschreibung:

Der Wulfener Berg am Nordufer des Fehmarn-Sundes erreicht knapp 20 Meter Höhe ü. NN. Er hat eine lang-ovale Form mit ost-westlich ausgerichteter Längsachse. Die östliche Schmalseite ist steiler ausgebildet als die westliche. Der Wulfener Berg gilt als einer der typischen Drumlins in Schleswig-Holstein. Er besteht in seinem Kern aus weichseleiszeitlichen Schmelzwasser- und Beckensedimenten. Diese wurden vor dem letzten Eisvorstoß, der noch schleswig-holsteinisches Gebiet erreichte (Fehmarn-Vorstoß), abgelagert. Als das Eis während des Fehmarn-Vorstoßes dann erneut, diesmal von Ost nach West, vorrückte und die ganze Insel überfuhr, wurden die älteren Ablagerungen gestaucht und mit einer unterschiedlich mächtigen Grundmoränenschicht überdeckt. Die Vorstoßrichtung des Eises wird von der Längsachse des Drumlins nachgezeichnet, konnte auf Fehmarn aber auch unabhängig durch gefügekundliche Analyse des Geschiebemergels nachgewiesen werden (SEIFERT 1954).

Im Kliff ist die Abfolge vom älteren, gut sortierten Schmelzwasser- und Beckensand zur hangenden Grundmoräne des letzten Eisvorstoßes aufgeschlossen. In den stark kalkhaltigen Geschiebemergel sind in den oberen Partien vereinzelt Sandlinsen eingeschaltet. Das Bodenprofil zeigt eine typische Parabraunerde aus sandigem Geschiebemergel.

Durch den Abbau der Sande im Wulfener Berg ist dessen äußere Form heute stellenweise stark verändert, so u.a. im Bereich der ehemaligen Sandgrube am Parkplatz beim Bergmühlenhof.
Vergleiche auch Punkt Nr. 63!

Lage:

Von der Europastraße 4 (B207) nach Avendorf/Fehmarn abbiegen; von Avendorf nach Wulfen, dann nach Süden zum Bergmühlenhof auf dem Wulfener Berg (Parkplatz); zu Fuß nach Süden zum Kliff, am Kliff-Fuß entlang nach Osten; vom Wulfener Berg gute Aussicht über den Fehmarn-Sund.

Literatur:

SCHLENGER, PAFFEN & STEWIG 1969; SEIFERT 1954; SEIFERT 1965; STEPHAN 1987.

Stadt Kiel	TK100: C1526	Punkt Nr.: 68
UTM: 32UNF745298	Gauß-Krüger: r = 3 574500 h = 6031600	

Subglaziale Talung zwischen Fuhlensee und Schusterkrug

Beschreibung:

Vom Schilkseer Fuhlensee bis Schusterkrug erstreckt sich auf Kieler Stadtgebiet eine teilweise deutlich in die umgebenden Moränenhöhen eingeschnittene Talung. Der nördliche Abschnitt hat südsüdwest-nordnordöstlichen Verlauf, der südliche wird von der Stekendammsau durchflossen und verläuft von Nordwest nach Südost. Im mittleren Teil zwischen Dreilinden und Hohenleuchte ist die Talung in für subglaziale Tunneltäler typischer Weise durch Kuppen und Querriegel gegliedert

Die Talung und ihr nördlicher Abschluß, die Fuhlenseeniederung, entstanden vermutlich subglazial während des letzten weichselzeitlichen Gletschervorstoßes (Fehmarn-Vorstoß). Kleinere Gletscherzungen stießen in diesem Gebiet nach Südwesten und nach Süden über Schusterkrug/Holtenau bis in den Bereich der heutigen Kieler Förde vor. Die subglaziale Übertiefung war im Bereich des Fuhlensees besonders stark. Aus Bohrungen läßt sich dort ein steilwandiges, bis -25 m NN hinabreichendes Tal rekonstruieren, das im Verlaufe der Nacheiszeit dann durch Hangrutschungen, Vermoorung und marine Sedimentation aufgefüllt wurde. Der Fuhlensee ist ein Strandsee, der durch Strandwallbildung von der Kieler Förde abgeriegelt wurde und in fortschreitender Verlandung begriffen ist.

Lage:

Von der B503 (Kiel-Dänischenhagen) über die Abfahrt "Kiel-Friedrichsort/-Pries" auf den Uhlenhorster Weg; dieser führt nach Pries und quert bei Dreilinden die Talung. Von hier aus führt der ausgeschilderte Wanderweg nach Schilksee ein Stück weit entlang der Talung. Südlich des Uhlenhorster Weges schließt sich der durch Querriegel gegliederte Mittelabschnitt der Talung an (Wasserscheide zwischen nördlichem Heischertal und südlichem Tal der Stekendammsau).

Literatur:

FRÄNZLE 1983; ROSS, LIEBSCH-DÖRSCHNER & HOFFMANN 1985; SEIFERT 1954.

Kreis: Ostholstein	TK100: C1930	Punkt Nr.: 69

UTM: 32UPF255279 | Gauß-Krüger: r = 4 430700   h = 6028500

Aktives Kliff bei Heiligenhafen

Beschreibung:

Das Heiligenhafener Kliff zeigt bei günstigen Aufschlußverhältnissen eine ganze Reihe von interessanten Details der
glazialen Landschaftsgeschichte dieses Raumes. Deutlich erkennbar ist, daß ältere glaziale und glazifluviale Ablagerungen beim letzten weichselzeitlichen Eisvorstoß (Fehmarn-
Vorstoß) gefaltet bzw. aufgestaucht und von einer meist geringmächtigen Geschiebelehmdecke diskordant überlagert wurden. Die Stauchfalten werden stellenweise von der Unter-
kante der oberen Moräne gekappt. An der Grenzfläche finden
sich Geschiebeblöcke, die an ihrer Oberseite deutliche
Gletscherschliffspuren zeigen. In die Stauchungen sind u.a.
zwei untere Moränen einbezogen, die nach neueren Untersuchungen (STEPHAN, KABEL & SCHLÜTER 1983) möglicherweise
nicht, wie bisher angenommen, weichselzeitliches Alter haben, sondern aufgrund ihrer petrographischen Zusammensetzung in die Saaleeiszeit zu datieren sind. Außerdem treten
aufgepreßte Tone und glaukonitreiche Feinsande des Altter-
tiärs (Eozän) an einzelnen Stellen des Kliffs auf.

Der Kliffabbruch ist an der nordwest-exponierten Steilküste
von Heiligenhafen sehr stark (etwa 1 m/Jahr). Vorübergehend
wird der Kliff-Fuß durch den Wellenschlag unterschnitten;
dann bilden sich Brandungshöhlen in den mehr sandigen Partien des Steilufers. Das Heiligenhafener Kliff ist Materi-
allieferant und Aufhängepunkt für das östlich anschließende
Nehrungssystem des Stein- und Graswarders (Punkt Nr. 70).

Lage:

In Heiligenhafen Richtung Dazendorf fahren, dann Richtung
Johannistal ("Lütjenburger Weg"); am Ortsausgang rechts
("Am hohen Ufer") bis zur Kreuzung mit 3 Durchfahrt-Ver-
bots-Schildern; hier am Straßenrand parken (kein Platz für
Busse); zu Fuß nach Norden zum Kliff.

Alternative: zum Ferienzentrum und von dort zu Fuß über den
Steinwarder am Strand entlang nach Westen zum Kliff.

Literatur:

KANNENBERG 1951; MUUSS & PETERSEN 1978; STEPHAN, KABEL &
SCHLÜTER 1983; STERR 1985; STERR & KLUG 1987.

Kreis: Ostholstein	TK100: C1930	Punkt Nr.: 70

UTM: 32UPF290278	Gauß-Krüger: r = 4 434100 h = 6028200

Nehrungssystem des Stein- und Graswarders bei Heiligenhafen

Beschreibung:

Die Entwicklung der Heiligenhafener Ausgleichsküste begann in der Zeit um 1000 n. Chr. Bis in die Mitte des 15. Jahrhunderts hatte sich in schnellem Wachstum ein längerer Haken entwickelt, der sich bis in den westlichen Bereich des heutigen Graswarders erstreckte. Sein Aufhängepunkt war das Heiligenhafener Steilufer, das zu dieser Zeit noch 300 bis 500 Meter weiter nach Norden in die Ostsee reichte. Das über den nach Osten setzenden Küstenlängsstrom transportierte Sandmaterial stammt aus dem dort starken Kliffabbruch.

Bei einer zeitlich nicht näher bestimmten Sturmflut wurde der Hals dieses ersten Hakensystems durchbrochen. Der abgetrennte Ostteil entwickelte sich nun selbständig als Insel weiter (Graswarder). Er wuchs vor allem nach Osten schnell. Im Westen bildete sich erneut ein Nehrungshaken mit Aufhängepunkt am Kliff (Steinwarder). Auch dieser verlängerte sich rasch ostwärts und erreichte im Jahre 1958 das Westende des Graswarders. Seitdem ist die Lücke zwischen den beiden Wardern wieder geschlossen.

Der im Schutz des Nehrungssystems liegende "Binnensee" ist eine Lagune mit offener Verbindung zum Fehmarnsund. Sie wird heute von einer Brücke überspannt, die Heiligenhafen mit dem Steinwarder verbindet. Am Westufer der Lagune wurden 1971 die Hochhausbauten eines großen Ferienzentrums errichtet. Die hieran westlich anschließende Eichholz-Niederung ist vom offenen Wasser abgetrennt und weitgehend verlandet.

Vergleiche auch Punkt Nr. 69!

Lage:

In Heiligenhafen in Richtung Hafen fahren, dann Richtung Steinwarder (ausgeschildert); dort parken; Strandwanderung nach Osten auf dem Graswarder.

Literatur:

KÖSTER 1955; MUUSS & PETERSEN 1978; SCHLENGER, PAFFEN & STEWIG 1969; SEIFERT 1955; STERR & KLUG 1987.

| Kreis: Plön | TK100: C1926 | Punkt Nr.: 71 |

| UTM: 32UPF006213 | Gauß-Krüger: r = 4 405500   h = 6022900 |

Pils-Berg bei Panker: weichseleiszeitliche Stauchendmoränen

Beschreibung:

Der Pils-Berg bei Panker (128 m ü.NN) gehört zu einem Komplex nahezu paralleler, langgestreckter, steiler Höhenrükken, die nordwest-südöstliche Ausrichtung haben. Ihre Längserstreckung beträgt zwischen 0,5 und 2,5 Kilometer. Von zahlreichen Bohrungen und Aufschlüssen ist bekannt, daß hier glaziales und glazifluviales Material aufgestaucht wurde. Es handelt sich um die Stauchendmoränenwälle der während der späten Weichseleiszeit von Nordosten bis hierher vorgerückten Futterkamper Gletscherzunge – genauer: ihres westlichen Teiles.

GRIPP (1964) nimmt an, daß es sich bei den Hessensteinmoränen sogar um einen Fall von Kerbstauchung handelt. Demnach wäre das Gebiet durch Stauchung in der Kerbe zwischen der Futterkamper und der Selenter Eiszunge entstanden; letztere war von Norden her vorgerückt und schuf das Zungenbecken des Selenter Sees und die dieses nach Süden begrenzenden Endmoränenhöhen bei Selent.

Vergleiche auch Punkte Nr. 72 und 73!

Lage:

Von Darry bei Lütjenburg in Richtung Schönberg/Panker fahren, aber gleich in Richtung Emkendorf/Hessenstein links abbiegen. Von dieser Straße zweigt links ein Weg auf den Pils-Berg ab; Gaststätte und Aussichtsturm "Hessenstein" sind ausgeschildert.

Vom 17 Meter hohen Hessensteinturm (Zugang über Münzautomat) hat man bei gutem Wetter eine hervorragende Rundumsicht bis Fehmarn, Kiel und zum Großen Plöner See.

Auf Wald-Wanderwegen kann man unter anderem nach Süden zum Strezer Berg (131 m ü. NN) gelangen, der ebenfalls zum Hessenstein-Moränenkomplex gehört.

Literatur:

ERNST 1974; GRIPP 1964; SCHLENGER, PAFFEN & STEWIG 1969; STERR & KLUG 1987.

Kreis: Plön	TK100: C1926	Punkt Nr.: 72

UTM: 32UPF040205 | Gauß-Krüger: r = 4 408800   h = 6022000

Großer Binnensee: Ausgleichsküste der Hohwachter Bucht

Beschreibung:

Der Große Binnensee liegt im Zungenbeckenbereich des westlichen Teiles der sog. Futterkamper Gletscherzunge. Diese
hatte in der späten Weichseleiszeit die Hessensteinmoränen
aufgestaucht. Der hier als Aussichtspunkt empfohlene Standort bei Stöfs liegt am südöstlichen Ende dieses Stauchmorä-
nenkomplexes.

Im Zuge des nacheiszeitlichen Meeresspiegelanstiegs wurde
das tiefliegende Becken zu einer Ostseebucht. Die heute
fossilen und bewaldeten Kliffs am West- und Südufer des
Sees zeugen von der Meeresabrasion während dieser Zeit. Der
Wanderweg am Westufer führt stellenweise am Fuß dieser
Steilufer entlang. In der Hohwachter Bucht setzte aber
schon bald die Bildung von Strandwallhaken und damit die
Ausformung einer Ausgleichsküste ein. Vor allem das am
Todendorfer Kliff aufbereitete Material lieferte, über die
nach Südosten setzende Küstenströmung hierher transportiert, das Sediment zum Aufbau des Nehrungssystems. In ge-
ringerem Umfang fand aber auch Transport aus entgegenge-
setzter Richtung, vom Hohwachter Kliff her, statt.

Der Große Binnensee ist heute durch einen 1878 errichteten
Deich und ein Siel bei Lippe vollständig von der Ostsee abgetrennt und damit hochwassergeschützt. Über das Siel wird
die Entwässerung des Strandsees, in den die Kossau von
Süden einmündet, geregelt.

Vergleiche auch Punkte Nr. 71 und 73!

Lage:

In Lütjenburg Richtung Behrensdorf/Stöfs fahren. Am nördlichen Ortsausgang von Stöfs gibt es einen Park- und Rast-
platz; von hier guter Ausblick über den Großen Binnensee
und die Hohwachter Bucht. Ein Wanderweg am Westufer des
Sees entlang ist über das Gut Waterneversdorf zu erreichen.

Literatur:

ERNST 1974; STERR & KLUG 1987.

Kreis: Plön	TK100: C1930	Punkt Nr.: 73
UTM: 32UPF087181	Gauß-Krüger: r = 4 413400	h = 6019400

Sehlendorfer Binnensee im Futterkamper Zungenbecken

Beschreibung:

Die Futterkamper Gletscherzunge bestand in einem späten Stadium der Weichseleiszeit aus zwei durch eine Moränengabel getrennten Teilloben: einem westlichen, der das Gebiet des heutigen Großen Binnensees erfüllte und einem östlichen, der im Bereich des Sehlendorfer Binnensees und der nach Süden anschließenden Futterkamper Niederung lag. Die Höhen von Hohwacht über Haßberg, Wetterade, Högsdorf und Sechendorf bis Sehlendorf umrahmen das östliche, langgestreckte und idealtypisch ausgebildete Zungenbecken von Futterkamp hufeisenförmig.

Der nacheiszeitliche Meeresspiegelanstieg führte zum Meereseinbruch in dieses Becken. Die ursprünglich buchtenreiche Küste wurde aber durch Abrasion vorspringender Kliffabschnitte bei Hohwacht und östlich Sehlendorf und durch den Aufbau eines Nehrungssystems zur Ausgleichsküste umgeformt. Der Sehlendorfer Binnensee ist, anders als der Große Binnensee, noch weitgehend im ursprünglichen Zustand als flache, verlandende Lagune erhalten. Die natürliche Verbindung zur Ostsee ist nicht durch Deich- oder Sielbauten verändert. Allerdings wurde 1985 (unerlaubt und vermeidbar) ein künstlicher Strandwalldurchstich geschaffen. Der Sehlendorfer Binnensee und Teile des Nehrungssystems stehen unter Naturschutz.

Vergleiche auch Punkt Nr. 72!

Lage:

An der Kreuzung der Straßen von Sehlendorf zur B202 (Lütjenburg-Oldenburg) und von Haßberg nach Kaköhl gewinnt man einen guten Überblick über den Nordteil des Futterkamper Zungenbeckens mit dem Sehlendorfer Binnensee. Wandermöglichkeiten gibt es vom Sehlendorfer Strand aus auf der Nehrung.

Literatur:

ERNST 1974; GRIPP 1964; STERR & KLUG 1987.

Kreis: Plön	TK100: C1926	Punkt Nr.: 74

UTM: 32UNF993123 Gauß-Krüger: r = 4 403800 h = 6014000

Kossau-Mäander in weichseleiszeitlichem Schmelzwassertal

Beschreibung:

Zwischen Gut Rantzau und Lütjenburg ist das Kossautal tief in die umgebenden Moränenhöhen eingeschnitten. Dies ist nicht auf die Erosionsleistung der Kossau zurückzuführen. Der Fluß fließt in diesem Abschnitt in einem weichseleiszeitlichen Schmelzwassertal. An den Talflanken stehen meist (nicht aufgeschlossen) Schmelzwasserablagerungen an. Bei Engelau verläuft parallel zur Straße ein (bewaldetes) Os, was möglicherweise auf ehemals subglaziale Entwässerung deutet (unsicher).

Die eiszeitliche Fließrichtung war, entgegengesetzt zur heutigen, nach Südwesten gerichtet. Mit dem Tieftauen von Toteismassen und dem Eisfreiwerden der Ostsee in der beginnenden Nacheiszeit ging hier, wie allgemein im östlichen Hügelland, eine Umkehr der Abflußrichtung einher.

Der besondere Reiz des Kossautales liegt darin, daß dem Flußlauf noch weitgehend die natürlichen Mäanderschlingen erhalten geblieben sind. Den weitaus meisten schleswigholsteinischen Fließgewässern gingen diese durch Fluß- und Bachbegradigungen verloren. Auch die Ufervegetation ist in diesem Abschnitt des Tales, der unter Naturschutz steht, noch in einem vergleichsweise naturnahen Zustand erhalten.

Vergleiche auch Punkt Nr. 109!

Lage:

Im Kossautal zwischen Gut Rantzau und Lütjenburg an der B430 (Plön-Lütjenburg) bei der Abzweigung nach Dannau: Von hier führen Wege in das Naturschutzgebiet "Kossautal" hinein.

Die B430 verläuft zwischen Gut Rantzau und Lütjenburg in der Schmelzwasserrinne, die heute von der Kossau benutzt wird. Auch bei einer Fahrt auf dieser Straße können die Flußmäander gut eingesehen werden.

Literatur:

ERNST 1974; MEIER 1988; MUUSS, PETERSEN & KÖNIG 1973; WETZEL 1927.

Kreis: Ostholstein	TK100: C1930	Punkt Nr.: 75

UTM: 32UPF125086	Gauß-Krüger: r = 4 416800 h = 6009700

Bungs-Berg: weichseleiszeitlicher Nunatak

Beschreibung:

Der 166,6 Meter über NN Geländehöhe erreichende Bungs-Berg
bei Schönwalde ist die höchste Erhebung in Schleswig-
Holstein. In ihm kulminiert ein größeres, relativ hoch gelegenes Areal. Schon die umliegenden Dörfer liegen auf
Höhen von mehr als 100 Metern ü. NN. Die relativen Höhen-
unterschiede sind hier geringer als etwa bei den markanten
Stauchendmoränenkomplexen der Hüttener Berge (Punkte Nr. 50
und 51) oder der Hessensteinmoränen (Punkt Nr. 71).

Das Bungs-Berg-Gebiet gilt als weichselzeitlicher Nunatak.
Schon beim ersten, flächenhaften Vorstoß der Inlandeismasse
auf breiter Front waren hier große Schuttmassen angehäuft
worden. Diese wirkten später, als sich das Weichseleis in
einzelne, erneut vorstoßende Loben aufgelöst hatte, als
Widerlager, um das herum im Norden die Preetz-Plöner und im
Süden die Eutiner Eiszunge geführt wurden.

Im Zentrum ragte nun ein eisfreier Teil über die umgebende
Gletscheroberfläche hinaus (=Nunatak). An den Flanken wurden dabei mehrere Staffeln von Seitenmoränen (Ringmoränen)
aufgeschoben, die nahezu ringförmig um das Zentrum des
Bungs-Berg-Komplexes herum angeordnet sind. Von der Aus-
sichtsplattform des Fernsehturmes aus kann man sie erkennen.

Lage:

Von Schönwalde in Richtung Hansühn fahren, dann links zum
Gipfel des Bungs-Berges abbiegen (ausgeschildert).

Der 135 Meter hohe Fernseh- und Fernmeldeturm auf dem
Bungsberg hat eine über Treppen erreichbare Aussichtsplatt-
form in 200 Meter Höhe ü. NN. Bei guter Fernsicht reicht
der Rundblick bis Fehmarn, Lübeck und Neumünster.

Gaststätte und Wandermöglichkeiten vorhanden.

Literatur:

GRIPP 1952; GRIPP 1964; SCHLENGER, PAFFEN & STEWIG 1969.

UTM: 32UNE922999 | Gauß-Krüger: r = 3 592200 h = 6001700

Großer Plöner See: Zungenbecken der Weichseleiszeit

Beschreibung:

Der Große Plöner See ist mit etwa 30 km² der größte See Schleswig-Holsteins. Seine Hohlform wurde während der Weichseleiszeit als Gletscherzungenbecken im Bereich des von Norden nach Süden vorstoßenden Preetz-Plöner Gletschers geschaffen. Dabei haben vermutlich zwei Teilzungen dieser Eismasse (möglicherweise nicht zeitgleich) die beiden Teile des Sees ausgeformt. Darauf deutet auch das von KIEFMANN & MÜLLER (1975) vermessene Unterwasserrelief. Der Ascheberger Teil ist flacher (max. Tiefe 30 m) und weniger stark gegliedert als der Bosauer Teil. Der Bosauer Teil erreicht eine maximale Tiefe von 58 Metern (-37 m NN) und besteht aus einer Reihe von teilweise steilwandigen Hohlformen, die durch flachere Schwellen voneinander getrennt sind. Die Prinzeninsel gilt als Seitenmoräne.

Die Konservierung der steilwandigen, heute sublimnischen Hohlformen ist nur durch überschottertes Toteis zu erklären, das erst während der Nacheiszeit (im Präboreal und Boreal) endgültig ausschmolz. Zuvor hatte sich, noch über dem Toteis im Untergrund, im Spätglazial ein Staubecken mit einer Seespiegelhöhe von 37 m NN gebildet. Die aus ihm über Bredenbek am Südende des Sees ablaufenden Wässer erodierten die Tensfeld-Ricklinger Talung (vgl. Nr. 103). Der heutige Seespiegel liegt bei 21 m NN. Die morphologischen Zeugen älterer Seespiegelstände sind in Form fossiler Abrasionsschorren u.a. bei Fegetasche und Bosau zu besichtigen (vgl. Punkt Nr. 77).

Lage:

Auf der B430 von Plön in Richtung Ascheberg/Neumünster. Kurz hinter Plön gibt es vor und nach dem Bahnübergang Parkplätze, von denen aus man auf Wanderwegen zur Prinzeninsel im Großen Plöner See gelangt; ebenfalls auf dem Uferwanderweg von Plön aus. Auch vom Hof des Plöner Schlosses hat man einen guten Blick über den Bosauer Teil des Sees.

Literatur:

GRIPP 1953; GRIPP 1964; KIEFMANN & MÜLLER 1975; MUUSS, PETERSEN & KÖNIG 1973.

Kreis: Ostholstein	TK100: C1926	Punkt Nr.: 77

UTM: 32UNE939973	Gauß–Krüger: r = 3 593900 h = 5999100

Fossile Kliffs und Seeterrassen am Bischofssee bei Bosau

Beschreibung:

Am Großen Plöner See sind an vielen Stellen, wie hier an
dem mit diesem in Verbindung stehenden Bischofssee, zwei
fossile Seeterrassen und die zugehörigen Kliffs erhalten.
Sie zeugen von ehemals höheren Wasserständen des Sees. Zu
der oberen Terrasse im 27 m NN-Niveau gehört genetisch das
an dieser Stelle bis über 10 Meter hohe (bewaldete) Kliff.
Die Seeterrasse ist die ehemalige Abrasionsschorre. Sie
wird in die jüngere Dryaszeit, also in das ausgehende Spätglazial datiert. Zu dieser Zeit lagen noch Reste überschot-
terten Toteises im Untergrund des Sees. Als dieses im Präboreal endgültig abschmolz, sank der Seespiegel, und die
Abrasionsschorre fiel als fossile Seeterrasse trocken.
Durch fortschreitendes Eintiefen der Abflüsse sank dann der
Seespiegel bis unter das heutige Niveau (21 m NN), wurde
aber zwischen dem 13. und 19. Jahrhundert durch einen
Mühlenstau bei Plön künstlich auf eine Höhe von 22,50 m NN
angehoben. Während dieser 600 Jahre entstand das kleine,
heute stark verschliffene Kliff mit der zugehörigen
schmalen, unteren Terrasse. Diese fiel schließlich durch
Seespiegelabsenkungen im 19. Jahrhundert trocken.
Ältester Vorgänger des jungdryaszeitlichen Plöner Sees war
ein Staubecken mit einer Seepiegelhöhe von 37 m NN (vgl.
hierzu Punkt Nr. 76).

Lage:

In Bosau die Plöner Straße nach Norden (Richtung Plön und
Augstfelde). Etwa 400 Meter hinter dem Ortsausgangsschild
zweigt in einer Rechtskurve nach links ein Wander- und Rad-
weg ab (Schild: Plön-Ruhleben, unterer Rundweg). Dieser
führt am Fuß des hohen Kliffs entlang. Nach etwa 100 Metern
mündet bei einer ehemaligen Sandentnahmestelle von rechts
(Osten) ein kleines periglaziales Trockentälchen im Niveau
der 27 m NN-Terrasse; Blick nach Nordnordwest über die fossile Abrasionsschorre. Der Wanderweg nach Ruhleben führt
durch die reizvolle ostholsteinische Seenlandschaft und ist
empfehlenswert. Auch bei Fegetasche sind Kliffs und Schor-
ren am Ufer des Großen Plöner Sees gut erhalten.

Literatur:

GRIPP & SCHÜTRUMPF 1952; KIEFMANN 1978;
STANSCHUS-ATTMANNSPACHER 1969.

Kreis: Plön	TK100: C1926	Punkt Nr.: 78
UTM: 32UNE822967	Gauß-Krüger: r = 3 582200 h = 5998500	
Seeterrassen am Belauer See im Bornhöveder Zungenbecken		

Beschreibung:

Der Belauer See (max. Tiefe: 26 m) verdankt seine Existenz, wie die benachbarten Seen im Bornhöveder Zungenbecken, größeren Toteismassen, die in diesem Gebiet stärkerer Exaration am Ende des ersten weichselzeitlichen Eisvorstoßes durch glazifluviale Sedimente fossilisiert wurden. Zwischen den Toteismassen im Bereich der heutigen Seen flossen Schmelzwässer nach Süden und lagerten Sande und Kiese ab. Erst im Zuge des Tieftauens am Beginn des Holozän bildeten sich in den bis dahin konservierten Hohlformen Seen. Zwischen ihnen blieben die Schmelzwassersedimentfüllungen stehen. Diese können folglich genetisch als Kames gedeutet werden. Ein größeres Kame-Areal befindet sich zwischen dem Belauer See und dem Schiersensee (Perdöler Kame).

Im Spätglazial hatte sich im Bereich des Bornhöveder Zungenbeckens, noch über Toteis im Untergrund, ein Stausee gebildet. Hier am Nordostufer des Belauer Sees sind Reste einer Abrasionsschorre dieses Stausees bei 35 m ü. NN in einer Hangverebnung zu erkennen. Im Zuge des frühholozänen Tieftauens, das mit einer Umkehr der Abflußrichtung nach Norden einherging, schnitt sich die Alte Schwentine zwischen Perdöler Mühle und Gut Perdöl in den Perdöler Kame ein; das Seespiegelniveau sank ab und die Abrasionsschorre fiel als fossile Seeterrasse trocken. Die untere Terrasse (1 Meter über heutigem Seespiegel) entstand durch eine anthropogene Absenkung des Sees in historischer Zeit.

Lage:

Auf der B430 von Bornhöved nach Schmalensee; dort links nach Belau abbiegen; von Belau weiter nach Norden in Richtung Perdöl. Es zweigt ein Weg nach links zur Perdöler Mühle (Gartenwirtschaft) ab: diesem bis zur ersten Rechtskurve folgen. Hier befindet sich (hinter dem Koppeltor) im Bereich der unteren Seeterrasse eine unbewachte Badestelle. Wandermöglichkeiten gibt es am Schiersensee.

Literatur:

BARSCH 1978; GARNIEL 1988; HÖLTING 1958; HORMANN 1969; MÜLLER 1976; MÜLLER 1981; STANSCHUS-ATTMANNSPACHER 1969.

Hansestadt Lübeck	TK100: C2330	Punkt Nr.: 79
UTM: 32UPE233837	Gauß-Krüger: r = 4 426600 h = 5984400	
Brodtener Ufer: aktives Kliff		

Beschreibung:

Die Brodtener Steilküste wird überwiegend von Geschiebemergel aufgebaut. Das aktive Kliff schneidet eine weichseleiszeitliche Stielmoräne senkrecht an. Dem Kliff ist eine
etwa 5 km breite Abrasionsplattform aus Geschiebemergel mit
dünner Sandauflage, das sog. Steinriff, vorgelagert.

Die jährliche Abrasion ist hier mit durchschnittlich 80 cm
sehr kräftig. In einzelnen Jahren können auch Beträge von
deutlich über 1 m erreicht werden. Ursache ist die Expo-
sition nach Nordosten mit einer effektiven Fetch-Länge von
105 km (Fetch = freier Windweg über offene Wasserfläche,
über den sich Dünung aufbauen kann).

Die Stielmoräne von Brodten liegt zwischen zwei ehemaligen
Gletscherloben der Weichseleiszeit: Hemmelsdorfer Lobus und
Travelobus. Die durch diese Eiszungen geschaffenen Zungenbecken wurden im Laufe des holozänen Merresspiegelan-
stieges durch Nehrungen bzw. Höftländer (flächenhafte
Nehrungs- und Strandwallsysteme) bei Niendorf und Priwall
von der Lübecker Bucht abgeriegelt.

Neuere Untersuchungen (KABEL 1983) weisen im Brodtener
Kliff wenigstens zwei übereinanderliegende Grundmoränen von
zeitlich getrennten Eisvorstößen der Weichseleiszeit nach.
Die Vorstöße erfolgten demnach zuerst von Nordost, dann von
Nord bis Nordost.

Lage:

Von Timmendorfer Strand nach Brodten; in Brodten abbiegen
zum Restaurant/Cafe "Herrmannshöhe"; dort Parkplatz für PKW
und Busse; Fußwanderung am Kliff entlang nach Travemünde
und zurück (ca. 1 Stunde).

Literatur:

BLUME, SIEM, BETZER & MEYER 1986; DEGN & MUUSS 1974;
DEGN & MUUSS 1979; KABEL 1983; KANNENBERG 1951;
SEIFERT 1952; STERR 1985.

Kreis: Ostholstein		TK100: C2330	Punkt Nr.: 80
UTM: 32UPE161792	Gauß-Krüger: r = 4 419200 h = 5980200		
Hemmelsdorfer See: Zungenbeckensee			

Beschreibung:

Der Hemmelsdorfer See ist ein weichseleiszeitlich ange-
legter Zungenbeckensee. Seine Hohlform entstand im Bereich
eines hier nach Süden vorstoßenden Gletscherlobus.

Im Zuge des holozänen Meeresspiegelanstiegs wurde die heute
bis 45 Meter unter NN hinabreichende Hohlform überflutet
und dabei zur Ostseeförde umgewandelt. Mit dem Material,
das durch den Abbruch des Brodtener Ufers von Osten
herangeführt wurde, baute sich die Nehrung von Niendorf auf
und trennte das ehemalige Zungenbecken von der offenen
Ostsee ab. Heute werden der Hemmelsdorfer See und sein
Einzugsgebiet durch die die Niendorfer Nehrung durch-
brechende Aalbeek in die Lübecker Bucht entwässert.

Die Niendorfer Nehrung und das Brodtener Ufer bilden
zusammen ein typisches Beispiel für die holozäne Bildung
der in Schleswig-Holstein charakteristischen Ausgleichsküste.

Vergleiche auch Punkt Nr. 79!

Lage:

Südlich von Timmendorfer Strand, in Offendorf bei Ratekau,
gibt es einen Steg im Bereich der Badeanstalt, von dem man
den See überblickt.

In Offendorf Richtung "Cafe Seeblick" (ausgeschildert) abbiegen, dort befindet sich ein Parkplatz.

Literatur:

DEGN & MUUSS 1979; DEGN & MUUSS 1984; MUUSS & PETERSEN
1978; MUUSS, PETERSEN & KÖNIG 1973; SEIFERT 1952.

Exkursionsziele in den Kreisen Dithmarschen und Steinburg und auf Helgoland

(Exkursions-Punkte 81–100)

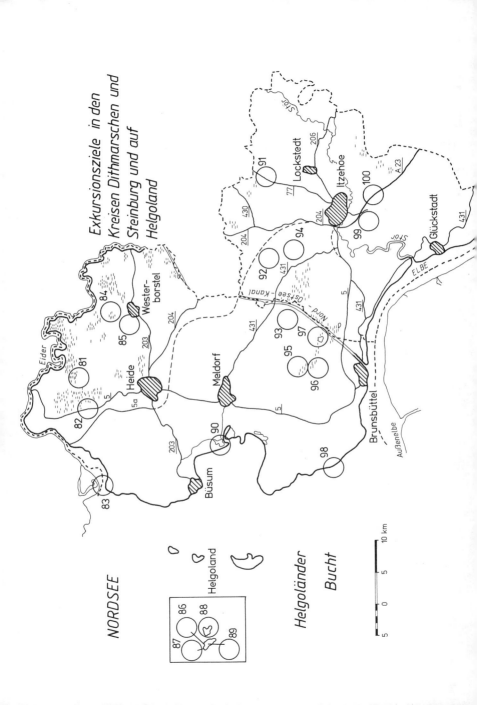

Exkursionsziele in den
Kreisen Dithmarschen und
Steinburg und auf
Helgoland

NORDSEE

Helgoland

Helgoländer
Bucht

Eider

Westerborstel

Heide

Meldorf

Büsum

Brunsbüttel

Außenelbe

ELBE

Glückstadt

Itzehoe

Lockstedt

Nord-Ostsee-Kanal

84
85
81
82
83
90
95
96
93
97
98
92
94
91
99
100
77
86
87
88
89

203
204
5
5a
430
204
204
206
431
431
431
431
5
5
431
203

A 23

10 km
5   0   5

Kreis: Dithmarschen	TK100: C1918	Punkt Nr.: 81

UTM: 32UNF079167 | Gauß-Krüger: r = 3 507900 h = 6018500

Fossiles Kliff der Nordsee bei Kleve

Beschreibung:

Schon der Ortsname von Kleve erinnert daran, daß hier ein
fossiles Kliff der Nordsee liegt. Während der flandrischen
Transgression wurde schon früh überall der dithmarscher
Geestrand vom ansteigenden Meer erreicht. So bildete sich
auch hier eine Steilküste am saalezeitlichen Altmoränenkomplex von Kleve. Aber anders als bei dem vorragenden,
westexponierten Heider Geestkern, der um 6-8 km zurückverlegt wurde, kam es bei Kleve nicht zu einem längeran-
dauernden Kliffrückgang. Ab 3000 v. Chr. entstand westlich
vorgelagert die große Lundener Nehrung, die die östlich
dahinter gelegene Meeresbucht vor der Brandung schützte und
schließlich ganz von der klastischen Sedimentzufuhr abschnitt.

Damit wurde die biogene Verlandung des großen Haffbereiches
hinter der Lundener Nehrung eingeleitet. Zwischen 2000 und
1000 v. Chr. bildete sich zunächst eine 1 m mächtige Nie-
dermoor- und Bruchwaldtorfschicht, auf die sogar bis zu 2 m
mächtige, meso- bis oligotrophe Übergangs- bis Hochmoortorfe folgten. Zwischen einzelnen Hochmoorbereichen blieben
Senken offen, die teilweise bis heute noch nicht gefüllt
oder verlandet sind (z.B. Mötjensee). Nur im Süden bei
Stelle blieb eine Verbindung zur offenen See bestehen. Die
Hochmoortorfe wurden später, besonders im Lundener und
Krempeler Moor, abgebaut.
Im älteren Subatlantikum (600 v. Chr. bis Chr. Geb.) kam es
erneut zur Überflutung, bei der aber nur im Norden eine
dünne Kleilage abgelagert wurde. Im größeren Rest des Haff-
bereichs bildete sich infolge Grundwasserrückstaus wieder
Niedermoortorf, der heute überwiegend die natürliche Oberfläche bildet. Vergleiche auch Punkt Nr. 82!

Lage:

Am nordwestlichen Ortsausgang von Kleve (Straße nach
Friedrichstadt) unmittelbar am Steilabhang des fossilen
Nordseekliffs; von erhöhtem Standort Blick nach W und NW in
den ehemaligen Haffbereich hinter der Lundener Nehrung.

Literatur:

DITTMER 1952; GRIPP 1964; HUMMEL & CORDES 1969;
WOHLENBERG 1976

Kreis: Dithmarschen	TK100: C1918	Punkt Nr.: 82
UTM: 32UNF030153	Gauß-Krüger: r = 3 503000 h = 6017100	
Lundener Nehrung		

Beschreibung:

Während der flandrischen Transgression, als der Nordseespiegel durch das Abschmelzen der Inlandeismassen kräftig
anstieg, kam es an der ganzen dithmarscher Küste zur Ausbildung einer Ausgleichsküste mit den großen Nehrungs- und
Strandwallsystemen von Lunden und St. Michaelisdonn und
zahlreichen kleineren Haken u.a. bei Borgholz, Hemming-
stedt, Lohe und Lieth. Auch auf Eiderstedt entstanden zeitgleich und ähnlich im Aufbau Nehrungen bei Witzwort und
zwischen Ording und Garding. Eine Abrasionsschorre mit
starkem Kliffrückgang (6-8 km) bildete sich an der Heider
Geest.
Die Lundener Nehrung besteht aus mehreren parallelen, dicht
beieinanderliegenden Sedimentrücken; einer Nehrung sind
westwärts mehrere Strandwälle angelagert. Die Nähte sind
durch Dünen verdeckt. Der Beginn der Sedimentation fällt in
das jüngere Atlantikum (3000 v. Chr.); bis zum anschließenden Subboreal entstand eine lange, nehrungsartige Insel,
auf der sich Dünen bildeten. Als Liefergebiet für die fein-
und mittelkörnigen Dünensande kommen westlich vorgelagerte
Sandwattflächen in Frage, die heute von dünnen Klei- und
Torfschichten überdeckt sind. Die Dünenwälle erreichen
3-4 m ü. NN, sind aber häufig künstlich abgetragen worden.
Ob es sich bei der Lundener Nehrung um eine Nehrung im
engeren Sinne mit küstenparallelem Sedimenttransport von S
(DITTMER 1938) oder N (GRIPP 1964) handelt, ist inzwischen
strittig. Denkbar ist nach neueren Untersuchungen auch ein
riffartiger, bei Westwind im flachen Wasser gebildeter Se-
dimentkörper nach Art der "barrier islands" vor der Küste
von Texas und Florida, da keine Aufhängepunkte für die
"Nehrung" am Geestkörper nachgewiesen wurden.

Lage:

Die Bundesstraße 5 verläuft zwischen Lunden und Wittenwurth
auf der Lundener Nehrung. Kleine Aufschlüsse im Dünensand
auf der Nehrung gibt es gelegentlich in frischen Baugruben.
Der empfohlene Haltepunkt liegt an der B5 zwischen Lunden
und Bargen an einem kleinen Kieferngehölz kurz vor Bargen.

Literatur:

DITTMER 1938; DITTMER 1952; GRIPP 1964; HUMMEL & CORDES
1969; WOHLENBERG 1976;

Kreis: Dithmarschen	TK100: C1918	Punkt Nr.: 83
UTM: 32UMF901134	Gauß-Krüger: r = 3 490100 h = 6015200	

Eiderästuar mit Eidersperrwerk und Katinger Watt

Beschreibung:

Die Eider, der größte Fluß Schleswig-Holsteins, wurde in den Jahren 1968-72 durch ein groß angelegtes Küstenschutz-bauwerk im Bereich seines Ästuars endgültig den ungewollten Einflüssen der Gezeiten entzogen. Ästuare bilden sich über-all dort, wo bei großem Tidenhub die Menge des im Mündungs-bereich eines Flusses ein- und ausstömenden Wassers deut-lich größer ist als das aus dem Einzugsgebiet herabfließen-de Oberwasser.

Ursprünglich reichte der Gezeiteneinfluß (durch periodi-schen Rückstau im Tidenrhythmus) bis hinauf nach Rendsburg und in der Treene bis Hollingstedt. Bei Sturmfluten kam es durch den Staueffekt immer wieder zu weitreichenden und langanhaltenden Überschwemmungen der Eider-, Treene- und Sorgeniederung. Deshalb hat man die Treene (1570) und Sorge (um 1630) schon frühzeitig abgedämmt und ihren Abfluß über Schleusen und Pumpwerke geregelt. Die inzwischen durch den Bau des Nordostsee-Kanals ihres Oberlaufes beraubte Eider wurde erst 1936 bei Nordfeld oberhalb Friedrichstadts abge-riegelt. Durch die Verminderung des Ebbstromes führten diese Maßnahmen allerdings zur Versandung des Ästuars und damit zur Behinderung der Schiffahrt.
Das Eidersperrwerk schließt seine Hubtoore nur bei Sturm-flut. Sonst strömen alle 12 Stunden 50 Mio. m³ Wasser ein und wieder aus und verhindern so die Versandung des Tönnin-ger Hafens. Der eigentliche Zweck des Bauwerks ist jedoch ein verbesserter Küstenschutz durch die stark verkürzte Deichlinie und die Regelung der Vorflut im Einzugsbereich der unteren Eider.
Durch den Bau des Werkes kam es zur schnellen Aufschlickung des jungen Katinger Wattes, das 1973 abgedämmt wurde.

Lage:

Parkplatz am Eidersperrwerk; dort Hinweistafeln mit Erläu-terungen zu den Sielanlagen; Aussichtspunkt mit Blick auf das Dammbauwerk, die Nordsee und das junge Katinger Watt hinter dem Damm.

Literatur:

CORDES 1973; DEGN & MUUSS 1984; HIGELKE 1973;
KRAMER 1978.

Kreis: Dithmarschen	TK100: C1918	Punkt Nr.: 84

UTM: 32UNF175107	Gauß-Krüger: r = 3 517500 h = 6012500

Schalkholz: Zungenbecken und jungpleistozäner Aufschluß

Beschreibung:

Der Ort Schalkholz liegt am Südwestende eines kleinen, aber
deutlich ausgeprägten und auch heute noch gut im Gelände
erkennbaren Gletscherzungenbeckens der Wartheeiszeit. Es
hat in Ost-West-Richtung eine Längenerstreckung von ca. 3
km und eine maximale Breite von 1 km. Die Gletscherstauch-
und Schubrichtung verläuft von WNW nach OSO. Die umgebenden
Höhenrücken von Dörpling, Kreuzberg, Schalkholz und Hövede,
die 30 bis 40 Meter über NN erreichen, zeichnen die warthezeitliche Gletscherrandlage nach; das Innere des Beckens
vermoorte während der Nacheiszeit; die Holozänmächtigkeit
erreicht an der tiefsten Stelle 8 bis 10 Meter. Das
Schalkholzer Zungenbecken markiert, entgegen älterer
Auffassung, nicht die Westgrenze der Wartheeiszeit.

In der Schalkholzer Grube der Dithmarscher Kalksandsteinwerke werden Schmelzwassersande abgebaut, die vom wartheeiszeitlichen Schalkholzer Vorstoß gestaucht wurden. In
ehemaligen Hohlformen der alten Oberfläche kam es während
des Eem-Interglazials und wärmerer Phasen des Weichsel-
frühglazials zu Vermoorung und Bodenbildung. Unterbrochen
wurden diese Warmphasen durch kältere Zeitabschnitte, in
denen bei vermindertem Abtragungsschutz die Bodenbildungen
von sandigen, "niveofluviatilen" Abschlämmassen überdeckt
wurden. Diese interessante Abfolge von fossilen Böden und
zwischengeschalteten frühweichselstadialen Sanden konnte in
Aufschlüssen der Grube Schalkholz auch pollenanalytisch
untersucht werden (vergleiche auch Punkt Nr. 93).

Lage:

Straße "Osterende" von Schalkholz in Richtung Hövede (nicht
ausgeschildert) nach Osten; nach ca. 800 Metern Grube der
Dithmarscher Kalksandsteinwerke; Besichtigung nur mit Er-
laubnis der Betreiberfirma.
Die Straße von Schalkholz nach Hövede verläuft genau am
Südrand des wartheeiszeitlichen Gletscherzungenbeckens und
gibt den Blick frei über die Niederung des vermoorten Zun-
genbeckenbodens und die sanft abdachenden Höhen der nördlichen Umrahmung.

Literatur:

LANGE 1974; LANGE 1978; STREMME & MENKE 1980;
ZIEMUS 1981.

Kreis: Dithmarschen	TK100: C1918	Punkt Nr.: 85
UTM: 32UNF171087	Gauß-Krüger: r = 3 517100 h = 6010500	
Kryoturbationen im Altmoränengebiet bei Tellingstedt		

Beschreibung:

In der Kiesgrube Tellingstedt-Westerborstel werden zum Teil
kiesige Schmelzwassersande der Wartheeiszeit abgebaut. Auch
in der Umgebung, vor allem nach SW hin, bilden sie den
Untergrund. Der Begriff "Altmoränengebiet" bezeichnet also
hier, wie auch an vielen anderen Stellen, nicht das Substrat, sondern ordnet das Gebiet einem genetischen Land-
schaftstyp Schleswig-Holsteins zu (Altmoränengebiet = Hohe
Geest, Ablagerungen der vorletzten Eiszeit).

Stellenweise liegt über dem kiesigen Schmelzwassersand eine
geringmächtige, lückenhafte Flugsanddecke, die aus Fein-
bis Mittelsand besteht. Da das Gebiet während der Weichseleiszeit zwar frei von Gletschereis, aber bei tiefen Temperaturen periglazialen Klimabedingungen ausgesetzt war,
findet man in den Grubenwänden aufgeschlossen die typischen
Frost- und Strukturbodenerscheinungen: sandgefüllte Frost-
keile und vor allem die als Kryoturbationsmerkmale aufzu-
fassenden Würge-, Taschen- oder Brodelböden. Sie entstanden
durch Druck und Pressung einer allseits von gefrorenem
Boden eingeschlossenen, noch ungefrorenes Wasser enthalten-
den Bodenpartie, wenn der Frost beim Wiederzufrieren im
Herbst weiter eindrang (zur Entstehung vgl. auch Nr. 17).

Die kryoturbate Durchmischung des im Sommer aufgetauten
Bodens führte stellenweise zur Bildung des sogenannten
Geschiebedecksandes, nämlich dort, wo eine Flugsanddecke
mit unterlagerndem Moränenmaterial oder - wie hier - mit
kiesigem, auch gröbere Teile enthaltendem Schmelzwassersand vermischt wurde (vgl. hierzu auch Punkt Nr. 19).

Lage:

Straße von Tellingstedt nach Rederstall; im Ortsteil
Westerborstel rechts ab in den kleinen Fahrweg zum Sport-
platz. Die Kiesgrube mit im Zuge des Abbaus wechselnden
Aufschlüssen befindet sich unmittelbar nördlich des Sport-
platzes.

Literatur:

DÜCKER 1954; LANGE 1978; WEISE 1983.

Kreis: Pinneberg	TK100: C1914	Punkt Nr.: 86
UTM: 32UMF266054	Gauß-Krüger: r = 3 426600 h = 6007200	
Helgoländer Felsenwatt an der Nordküste		

Beschreibung:

Der Helgoländer Felssockel ist das einzige Felsenwatt der deutschen Nordseeküste; seit 1981 ist es zum Naturschutz- gebiet erklärt. Bei Hochflut ist es vollständig mit Wasser bedeckt, bei Niedrigwasser dagegen (vor allem in der Springtide) liegen große Flächen frei.

Morphologisch ist das Felsenwatt eine breite Abrasions- schorre. An der Nordseite Helgolands streichen die mit Tangpflanzen bewachsenen Sandsteinbänke der Volpriehausen- Folge (mittlerer Buntsandstein) aus; ihre Schichtköpfe er- zeugen ein unruhiges Relief: ein Südost-Nordwest strei- chendes Streifenmuster. Es wird quer durchzogen von kleinen Rinnen, die durch Erosion auf Vertikalstörungen entstanden sind.

In der Nähe der Langen Anna findet sich am Inselfuß eine lehrbuchhaft ausgeprägte Brandungshohlkehle; an anderen Stellen der Insel ist sie meist verschüttet, verbaut oder zerstört.

Am Beginn der nacheiszeitlichen Meerestransgression war Helgoland noch mit dem schleswig-holsteinischen Festland verbunden. Ob das Gebiet dann aber am Westende einer Geest- halbinsel lag, die von Eiderstedt etwa 80 Kilometer nach Westen reichte, ist unsicher. Im Verlaufe des weiteren Meeresspiegelanstiegs erreichte die Nordsee im Atlantikum wieder den Sockel der Insel, die damals freilich deutlich größer war.

Lage:

Nur bei Niedrigwasser, am besten zur Springtide, kann man vom Nordostland aus in das Felsenwatt der Nordküste gehen. Es gibt keinen Pfad, und die ansich kurze Strecke zur Lan- gen Anna (600 Meter) ist durch Wasserlachen und Seetang- bewuchs recht beschwerlich. Außerdem besteht Steinschlag- gefahr. Unbedingt den Tidenkalender studieren und genügend Zeit für den Rückweg einkalkulieren!

Literatur:

GUENTHER 1969; KREMER 1985; SCHMIDT-THOME 1987.

Kreis: Pinneberg	TK100: C1914	Punkt Nr.: 87
UTM: 32UMF263053	Gauß-Krüger: r = 3 426300 h = 6007100	

"Lange Anna": Brandungspfeiler im Buntsandsteinfels

Beschreibung:

Tektonisch stellt das Gebiet um Helgoland ein ovales Schichtgewölbe dar, das durch einen im Untergrund aufgestiegenen Zechstein-Salzkörper vor allem während des Tertiärs angehoben wurde. An dessen Südwestseite versetzt eine große Verwerfung mit einer Sprunghöhe von etwa 500 Metern die Schichten der Kreidezeit gegen den Buntsandstein, so daß auf dem Meeresgrund rund 600 Meter südwestlich der Felseninsel die Schichten der oberen Kreide unmittelbar neben denen des mittleren Buntsandsteins ausstreichen.

Helgoland selbst wird aus den Ablagerungen des mittleren Buntsandsteins (Trias) aufgebaut. Die Schichten fallen infolge der Aufwölbung mit 16-20° nach Nordosten ein, wie man auch hier an der Langen Anna erkennen kann. Die zuunterst lagernde "Volpriehausen-Folge" besteht aus dunkelrotem, festen Sandstein, der den standfesten Sockel der Insel bildet. Die darüberliegenden feinschichtigen, bunten, sandigen und tonigen Lagen der "Dethfurt-Folge" sind weniger standfest. Durch die Hebung und Bildung des Schichtgewölbes kam es notwendigerweise zur Dehnung; diese wiederum verursachte die Bildung zahlreicher Trennklüfte und Verwerfungen, die den Gesteinskörper gliedern.

Die Lange Anna (auch "Hengst" oder "Nathurnstack") ist morphologisch ein 48 Meter hoher Brandungspfeiler. In einer etwa 50 Meter weit vorspringenden Felswand entstand zunächst eine Brandungshöhle, die schließlich zum Gatt durchbrach (Brandungstor). Durch weitere Verwitterung des stark geklüfteten Gesteins stürzten im Jahre 1860 die verbindenden Schichten zum Nathörn (Nordhorn) ein und ließen einen isolierten Felsturm zurück.

Lage:

Die Besichtigung der Langen Anna ist möglich durch Bootsrundfahrt um die Insel, durch Blick vom Nordhorn des Oberlandes oder nach Fußwanderung durch das Felsenwatt der Nordküste (nicht risikolos, vgl. Punkt Nr. 86)

Literatur:

GUENTHER 1969; KREMER 1985; SCHMIDT-THOME 1987.

Kreis: Pinneberg	TK100: C1914	Punkt Nr.: 88
UTM: 32UMF290050	Gauß-Krüger: r = 3 429000 h = 6006800	

Helgoländer Düneninsel auf Muschelkalk und Kreide

Beschreibung:

Die Helgoländer Düneninsel liegt auf den Ablagerungen des
Muschelkalkes (Trias) und der Kreide, die auf dem nördlich
und südlich anschließenden, flachen Meeresgrund ausstreichen. In ihrer heutigen Form ist sie ein sehr junges Gebilde, das zudem durch vielfältige Aufschüttungen und
Buhnenbauten stark anthropogen gestaltet ist.

Bei einer Sturmflut im Jahre 1720 wurde die Insel endgültig
von der Hauptinsel abgetrennt. Vormals existierte hier ein
"weißes Pendant" zur roten Buntsandsteininsel Helgoland,
das aus Muschelkalk und Kreidekalk aufgebaut war und ähnliche Form und Ausmaße hatte. Dieses "Witte Kliff", das auf
Karten des 18. und 19. Jahrhunderts noch eingetragen war,
ist der Meeresabrasion und auch einem intensiven Kalk- und
Gipsabbau zum Opfer gefallen. An seiner Stelle bildete sich
die Düne.

Am Nordstrand der Düneninsel werden durch die Arbeit der
Brandung immer wieder Muschelkalk- und Kreidekalkgerölle,
aus der Kreide stammende Flintsteine und vor allem eine
Vielzahl von Fossilien aus den triassischen und kretazi-
schen Sedimenten des nördlich anschließenden Meeresgrundes
angespült. Häufig findet man "Donnerkeile" (Rostren von
Kreide-Belemniten), verkieselte Schwämme und Seeigel der
Kreide, Ammoniten, Muschel- und Wirbeltierreste aus kreta-
zischem Schiefermergel.

Der Sand der Düneninsel entstammt hauptsächlich dem von der
Brandung und Strömung aufgearbeiteten Moränenmaterial des
umgebenden Meeresgrundes, aber auch Anteile des Buntsandsteins sind darin enthalten.

Lage:

Der Strand an der Nordseite der Düneninsel bietet Gelegen-
heit zum Sammeln von Fossilien.

Literatur:

GRIPP 1964; GUENTHER 1969; SCHMIDT-THOME 1987;
SEIFERT 1953; STÜHMER, SPAETH & SCHMIDT 1982.

Kreis: Pinneberg	TK100: C1914	Punkt Nr.: 89
UTM: 32UMF270048	Gauß-Krüger: r = 3 427000 h = 6006600	
Helgoländer Oberland		

Beschreibung:

Das Helgoländer Oberland erreicht maximal fast 60 Meter ü. NN. Die Oberfläche fällt nach Nordosten hin ab. Es handelt sich bei dieser schiefen Ebene jedoch nicht um eine abgedeckte Schichtfläche; sie ist deutlich flacher geneigt als die Buntsandsteinschichten und wohl vor allem durch Gletschererosion während der Elster- und Saaleeiszeit geprägt worden. Die Moränenrelikte auf dem Oberland stammen aus der Saaleeiszeit. Saalemoränen sind ebenfalls auf dem umgebenden Meeresboden verbreitet.

Das Helgoländer Oberland war vor den Zerstörungen (1945-48) von einer etwa 1 Meter mächtigen Grundmoräne bedeckt, die infolge der Kriegsauswirkungen weitgehend verschwunden oder umgelagert worden ist. In der Nähe des Lummenfelsens ist sie vereinzelt noch erkennbar. Sie enthielt zahlreiche skandinavische Geschiebe, die heute an vielen Plätzen der Insel und auch der Düne aufgestellt sind.

Das Oberland ist durch Kriegseinwirkung, Übungsschießen der britischen Luftwaffe und eine Sprengung nachhaltig zerstört worden. Bei der Großsprengung am 18.4.1947, bei der 6100 Tonnen Munition im Inselinnern zur Explosion gebracht wurden, entstand der Doppelkrater des dadurch geschaffenen "Mittellandes" mit seiner steilen Innen- und flachen Außenseite.

Lage:

Der Aufstieg auf das Oberland ist möglich

- über eine Treppe am Deich des Ostlandes,
- über Treppe oder Fahrstuhl in der Nähe des Nordosthafens,
- vom Binnenhafen über den Weg durch das Mittelland.

Die Länge der Rundwanderung auf dem Oberland beträgt nur etwa 3 Kilometer.

Literatur:

GUENTHER 1969; KREMER 1985; SCHMIDT-THOME 1987.

Kreis: Dithmarschen	TK100: C1918	Punkt Nr.: 90
UTM: 32UME969940	Gauß-Krüger: r = 3 496900 h = 5995800	
Speicherkoog Dithmarschen		

Beschreibung:

Der Speicherkoog Dithmarschen wurde in den Jahren 1969 bis 1978 (Deichschluß) durch Eindeichung von ca. 4800 ha des inneren Bereiches der Dithmarscher Bucht gewonnen. Dabei wurde, anders als in früheren Zeiten, nicht nur "deichreifes", also begrüntes Vorland eingedeicht, sondern dank verbesserter technischer Möglichkeiten auch größere Wattbereiche. Entsprechend verschoben haben sich auch die Ziele des modernen Deichbaus: Nicht mehr der Landgewinn steht heute im Vordergrund des Interesses, sondern die Regelung der Vorflut und ein verbesserter Küstenschutz. Früher kam es in den teilweise unter NN liegenden Niederungen nördlich und südlich des bis Meldorf vorspringenden Geestrückens immer dann zu weitreichenden Überflutungen, wenn bei hoch auflaufender Flut und geschlossenen Sieltoren das von der Geest herabströmende Niederschlagswasser sich v.a. in der Fieler und Windberger Niederung sammelte. Durch die Gewinnung von Speicherbecken im eigedeichten Wattgebiet ist heute die Entwässerung des 40.000 ha großen Hinterlandes selbst bei Sturmflutwetterlagen über maximal 26 Stunden gesichert. Das zweite Ziel der Eindeichung ist der Küstenschutz: Der neue Seedeich verkürzt die Deichlinie um 14 km, hat eine Höhe von 8,80 m ü. NN und ein modernes, flacheres Profil.

Der südlich des Helmsandes gelegene "Speicherkoog Süd", der schon 1972 eingedeicht wurde, befindet sich in Bundeseigentum und dient als militärisches Erprobungsgelände. Der größere nördliche Teil enthält 1200 ha landwirtschaftliche Nutzfläche, 1200 ha Schafhütungsareal und zwei Naturschutzgebiete mit zusammen 785 ha. Der neue Meldorfer Hafen am Deichsiel mit Schleuse ist in erster Linie ein Sportboothafen. Auch sonst werden Teile des Speicherkooges für die Naherholung und den Fremdenverkehr genutzt.

Lage:

In Meldorf der Beschilderung "Hafen/Badestelle" zum neuen Meldorfer Hafen folgen; Parkmöglichkeit am Sperrwerk.

Literatur:

MEIER 1982; MEIER 1987; TARNOW, PETERSEN & PETERSEN (o.J.); WOHLENBERG 1965.

Kreis: Steinburg	TK100: C1922	Punkt Nr.: 91

UTM: 32UNE396876	Gauß-Krüger: r = 3 539600 h = 5989400

Peissener Loch: Hebung und Einbruch über einer Salzstruktur

Beschreibung:

Das Peissener Loch ist eine ovale Vertiefung im Gebiet des wartheglazialen Lockstedter Sanders. In etwa 29 Meter Tiefe unter der Oberfläche steht dort direkt unter den pleistozänen Sedimenten abbauwürdiger Kreidekalk an. Die Peissener Struktur ist ein Beispiel für die Wirkung des Salzaufstiegs auf die Oberflächenformung.

Eine Südsüdwest-Nordnordost streichende Salzmauer steigt hier im Untergrund auch heute noch auf. Während des Wartheglazials (Hennstedt-Stadium) kam es zu einer ovalen Aufbeulung der Oberfläche, die u.a. Einfluß auf die Fließrichtung auf dem Lockstedter Sander nahm. Zur Salzauslaugung konnte es danach erst während der Eemwarmzeit kommen, als der Untergrund nicht mehr gefroren war und die Oberfläche der Salzmauer von unten in den Einflußbereich des Grundwassers gelangte. Folge der Salzauslaugung war ein von einer ovalen Umwallung umgebener Einbruch. In der Vertiefung bildete sich ein See, der noch während der Eemwarmzeit verlandete. In der Weichseleiszeit wurde das Gebiet unter Periglazialklima überformt. Durch Solifluktion wurde Material von der Umwallung ins Innere des Peissener Loches transportiert, wo es die eemzeitlichen Torfe des verlandeten "Peissener Sees" überdeckt.

Auch heute spielen sich anscheinend Lösungsvorgänge im Untergrund ab, die sich in kleinen muldenförmigen Vertiefungen auf die Oberfläche durchprägen. PICARD (1960) interpretiert diese als Erdfälle über Lösungshohlformen im mutmaßlich unterirdisch verkarsteten Kreidekalk.

Lage:

An der Kreuzung der B77 (Itzehoe-Hohenwestedt) mit der Landstraße von Peissen nach Reher/Puls: Blick von der Nordwestumwallung (32 m ü. NN) nach Südosten in das Peissener Loch (16 m ü. NN); auch von Westen bei der Kiesgrube südlich Silzen gewinnt man einen Überblick.

Literatur:

PICARD 1958; PICARD 1960; PICARD 1966; STREMME & MENKE 1980.

Kreis: Steinburg	TK100: C1922	Punkt Nr.: 92
UTM: 32UNE261867	Gauß-Krüger: r = 3 526100 h = 5988500	

Podsol und Eisenquellen am Reselith-Berg bei Wacken

Beschreibung:

Am Fuße des Reselith-Berges bei Wacken kann man auf anschauliche Weise Einblick in einen bodengenetischen Prozeß gewinnen, der für weite Teile der schleswig-holsteinischen Geest charakteristisch ist. Der Reselith-Berg ist eine saaleeiszeitliche Altmoränenkuppe, die 63 Meter ü. NN erreicht. Im Aufschluß ist zu erkennen, daß sich in dem sandigen Substrat ein Podsol entwickelt hat. Bei hohen Niederschlägen und dem nährstoffarmen, wasserdurchlässigen Ausgangsmaterial der Bodenbildung kommt es bei niedrigem pH-Wert zur abwärts gerichteten Humus- und Eisenverlagerung mit dem Sickerwasser. Der dabei entstehende E-Horizont (E=Eluvial=Auswaschungs-Horizont) ist verarmt an Eisen und Humus und wird wegen seiner aschfahlen Farbe auch Bleichhorizont genannt. Unter diesem folgt im Bodenprofil ein schwärzlicher bzw. rostbraun gefärbter Anreicherungshorizont mit hohem Humus- bzw. Eisengehalt.

Bei hängigem Gelände können die gelösten Eisenverbindungen mit dem Hangzugwasser lateral abtransportiert werden. So gelangen sie mit der seitwärts gerichteten Wasserbewegung im Boden zum Hangfuß und können dort im Gleyboden wieder festgelegt werden. Hier am Reselith-Berg tritt im Bereich eines kleinen Tümpels stark eisenhaltiges Hangzugwasser in Eisenquellen aus. Das Eisen stammt aus den sandigen Podsolen der höheren Partien des Hügels.
Vergleiche auch Punkt Nr. 13!

Lage:

Straße von Hadenfeld in Richtung Wacken. Nach etwa 4,5 Kilometern zweigt gegenüber der alten, wassergefüllten Tongrube "Alsen" (2 km östlich Wacken) nach rechts ein asphaltierter Weg ab; hier einbiegen und parken; rechts befindet sich ein Aufschluß mit Podsolprofilen, im rechten Abschnitt mit gut entwickelten Wurzeltöpfen. Wenn der Aufschluß verschüttet ist, läßt er sich doch leicht aufgraben; auf der anderen Seite des Weges Tümpel mit stark eisenhaltigem Wasser.

Literatur:

SCHEFFER & SCHACHTSCHABEL 1982; SCHROEDER 1984.

Kreis: Dithmarschen	TK100: C1918	Punkt Nr.: 93

UTM: 32UNE160839	Gauß-Krüger: r = 3 516000 h = 5985600

Aussichtsturm und Waldmuseum Burg/Dithmarschen

Beschreibung:

Das Waldmuseum Burg/Dithmarschen bietet in seiner permanen-
ten Ausstellung anschauliche Ergänzungen und Erläuterungen
zu den in diesem Kapitel beschriebenen Exkursionszielen. Es
ist in einem Aussichtsturm untergebracht, der auf dem 65 m
hohen Hamberg (auch "Wulfsboom") steht. Die obere Plattform
des Turmes befindet sich 80 Meter über dem Meeresspiegel.
Bei guter Sicht bietet sich ein für diese Landschaft außer-
gewöhnlicher Rundblick über weite Teile Dithmarschens, den
Nord-Ostsee-Kanal, das Elbeästuar und sogar bis Cuxhaven.
Nach Süden gewinnt man einen guten Überblick über das hier
sehr breite Elbe-Urstromtal.

Der Schwerpunkt der Ausstellung liegt auf der Erd- und
Waldgeschichte Dithmarschens seit dem Eem-Interglazial.
Eine Reihe von erläuterten Pollenprofilen zeichnet die
typische Vegetationsabfolge am Übergang von einer Warm- in
eine Kaltzeit nach. Auch die in der Grube Schalkholz pollenanalytisch gewonnenen Ergebnisse sind hier, nebst einem
Lackprofil der Fundstelle, dokumentiert (vgl. Punkt Nr.84).
Eine Leitgeschiebesammlung der Saaleeiszeit und Lackprofile
von landschaftstypischen Böden sind ebenfalls zu finden.
Eine besonders willkommene Ergänzung stellt der ca. 2 km
lange Waldlehrpfad mit einer waldgeschichtlichen Pflanzung
dar; er informiert im engeren Sinne anschaulich über die
Einwanderung der Gehölze nach der letzten Eiszeit.

Lage:

In Burg ist das "Waldmuseum" ausgeschildert (vom Markt in
Richtung Brickeln); Anschrift: Waldmuseum im Aussichtsturm,
Obere Waldstraße, 2224 Burg/Dithmarschen, Tel. 04825/2985.
Geöffnet: 15. April bis 15. Oktober tgl. 10-12 Uhr und 14-
17 Uhr, montags geschlossen; Führungen nach vorheriger
Vereinbarung.

Ein Ausichtsturm-Cafe und ein Waldlehrpfad befinden sich in
unmittelbarer Nähe.

Literatur:

SCHULTE 1979; VOGEL 1985; ZIEMUS 1981.

Kreis: Steinburg	TK100: C2322	Punkt Nr.: 94

UTM: 32UNE280831	Gauß-Krüger: r = 3 528000 h = 5984800

Tongrube Muldsberg bei Wacken: marine Tone (Aufschluß)

Beschreibung:

In der Grube Muldsberg zwischen Wacken und Itzehoe werden marine Tone der Holsteinwarmzeit abgebaut. In Lägerdorf werden sie zusammen mit dem dort ebenfalls im Tagebau erschlossenen Kreidekalk zu Portland-Zement verarbeitet. Das Holstein-Interglazial (auch Stör-Warmzeit genannt) beginnt am Ende der Elstereiszeit sogleich mit einer marinen Transgression in den holsteinischen Raum, wo mächtige Schichten grauen Meerestons abgelagert wurden. Die Küstenlinie des Holsteinmeeres ist noch nicht im Detail rekonstruiert. Im Bereich der cimbrischen Halbinsel gab es jedoch zu dieser Zeit bereits Festland. Allerdings reichten Meeresbuchten weit nach Südholstein und entlang der Elbe bis in den Brandenburger Raum hinein.

Die Lagerung der Holstein-Meerestone ist vielfach, so auch bei Wacken, gestört. Die Gletscher der anschließenden frühen Saaleeiszeit (Drenthezeit) haben gerade die plastischen Meerestone gefaltet, Teile losgerissen und in ihre Grundmoräne eingewalzt. Dennoch sind hier relativ große und mächtige Schichtpakete im Verbund erhalten geblieben, wenn auch zum Teil bis zu 100 Meter gegenüber der ursprünglichen Lage angehoben.

Der Raum um Wacken/Schenefeld, in dem die Tone abgebaut werden, gehört ansonsten genetisch in ein drenthestadiales Stauchmoränengebiet.

Vergleiche auch Punkt Nr. 100!

Lage:

Straße von Kaaks Richtung Huje; Stichstraße zur Tongrube Muldsberg. Für Gruppen ist nach Voranmeldung eine Besichtigung mit Führung möglich (Gummistiefel erforderlich).

Literatur:

DEGENS, HILLMER & SPAETH 1984; DÜCKER 1969; STREMME & MENKE 1980; WOLDSTEDT & DUPHORN 1974.

Kreis: Dithmarschen	TK100: C2318	Punkt Nr.: 95
UTM: 32UNE090815	Gauß-Krüger: r = 3 509000 h = 5983200	

Das Klev bei St. Michaelisdonn: fossiles Kliff der Nordsee

Beschreibung:

Bei St. Michaelisdonn wird der Geestrand von einem fossilen Kliff der Nordsee, dem sog. Klev(e) gebildet. Während der flandrischen Transgression, bis ca. 3000 v. Chr., lag hier die Küste. Am Klev spielten sich die gleichen Abrasions- prozesse ab, wie sie noch heute an vielen Abschnitten der Ostseeküste beobachtet werden können. Bis ca. 3000 v. Chr. stieg der Meeresspiegel von -25 m auf -2 m NN. Dabei kam es auch zu einer allmählichen Auffüllung des Meeresbeckens vor dem Geestrand; in einigen km Entfernung vom Klev sinkt die Basis des Holozän bis auf -30 m NN ab. Unmittelbar vor dem Klev liegt sie bei -10 m NN. Das Material, das hier zur Ablagerung kam, besteht aus marinen Sanden, Nehrungskiesen, Dünensanden und organogenen Haffablagerungen. Es steht im Zusammenhang mit einer weiträumigen Nehrungsbildung im dithmarscher Küstenraum während der flandrischen Transgres- sion. Am Heisterberg, südlich von Hopen, steht das Klev unter Naturschutz; es wird aufgebaut von einer saale- eiszeitlichen Altmoräne, die hier von der sog. Goldsoot- schlucht aufgeschlitzt wird; es handelt sich dabei um ein Trockental, dessen Schwemmfächer auf der Marsch aufliegt. Folglich muß hier noch im Holozän Wasser geflossen sein (evtl. Grundwasseraustritt über stauender Schicht). Die Hänge tragen Trockenrasen, das Klev ist mit Eichenkratt bewachsen.
Vergleiche auch Punkte Nr. 82 und 96!

Lage:

In St. Michaelisdonn (Ortsteil Westdorf) der Beschilderung zum Flugplatz und Naturschutzgebiet Kleve folgen; Querung der ehemaligen Hopener Bucht und der Eisenbahnlinie. Am Heisterberg hat das Klev noch heute ca. 40 m Sprunghöhe. Der Spiekerberg (südl. der Goldsootschlucht) trägt Heide- bewuchs. Der Bismarckstein ist ein 3,5 m langer saaleeis- zeitlicher Geschiebeblock mit mehr als 2 m Durchmesser. Er trägt außer Bearbeitungs- auch Gletscherschliffspuren und wurde 1914 beim Bau des Nord-Ostsee-Kanals ausgegraben und 1915 hier als Gedenkstein aufgestellt.

Literatur:

DEGN & MUUSS 1966; DITTMER 1938; DITTMER 1952; GRIPP 1964; MEIER 1982; ROSS 1972; WOHLENBERG 1976.

Kreis: Dithmarschen	TK100: C2318	Punkt Nr.: 96
UTM: 32UNE088800	Gauß-Krüger: r = 3 508800	h = 5981700

Dingerdonn: fossile Nehrungen der holozänen Nordsee; Dünen

Beschreibung:

Der Name Donn (Dingerdonn, Süderdonn, Warferdonn, St. Michaelisdonn) bezeichnet in Dithmarschen schmale Sandzungen in der Marsch. Genetisch handelt es sich bei den Donns um fossile Nehrungen, die während der flandrischen Transgression der Nordsee entstanden. Aus den umgebenden, während der anschließenden Dünkirchentransgression abgelagerten Marschen ragen heute allerdings nur noch die auf den Nehrungen aufsitzenden Dünen heraus. Die Nehrungen (es werden in Süddithmarschen bis zu 6 verschiedene unterschieden) verlaufen vom Barlter Kleve (nördlich St. Michaelisdonn) fächerförmig nach Süden und entstanden nacheinander; die westlichste ist die jüngste. Sie entstanden durch küstenparallelen Sandtransport (vom Barlter Kleve in Richtung Süden).

Die Donns mit den den Nehrungen aufsitzenden Dünensanden bilden hier in der alten Marsch den einzigen festen Baugrund für Gebäude und Verkehrswege. So zeigen die langgestreckten Siedlungen (Dingen, Dingerdonn, Süderdonn, Averlak etc.) den Verlauf der sonst kaum über die Marschoberfläche herausragenden, dünenbesetzten Nehrungen an.

Vergleiche auch Punkt Nr. 95!

Lage:

Straße von St. Michaelisdonn Richtung Dingen; vor Dingen Abzweigung nach Dingerdonn, dann in Richtung Averlak.

Gelegentlich gibt es flache Aufschlüsse in frischen Baugruben.

Instruktiv können Bohrungen auf und zwischen den Donns sein (auf den Donns: Dünensande; zwischen den Donns: Marsch- oder Haffablagerungen).

Literatur:

DEGN & MUUSS 1966; DITTMER 1938; DITTMER 1952; GRIPP 1964; NAGEL 1932; WOHLENBERG 1976.

Kreis: Dithmarschen	TK100: C2318	Punkt Nr.: 97

UTM: 32UNE140793   Gauß-Krüger: r = 3 514000   h = 5981000

Naturschutzgebiet Kudensee: Rest eines Haffsees

Beschreibung:

Im Lee der Donnlinie, also des im Raum Dingerdonn-Averlak
sich von St. Michaelisdonn nach Südsüdost erstreckenden
Nehrungssystems, ist heute der kleine und rasch verlandende
Rest eines ehemals sehr viel größeren Haffsees zu finden:
der Kudensee. Auf historischen Karten, z.B. der von
Johannes Mejer (Husum 1648), kann man erkennen, daß er
einstmals vom Klev bis Averlak reichte. Im Jahre 1722
betrug seine Fläche noch 500 ha (1868: 220 ha, 1908: 120
ha, 1927: 106 ha, 1954: 40 ha, 1982: 25 ha). Die Umgebung
des sehr flachen und durch Verlandung rasch an Größe ver-
lierenden Sees wurde beim Bau der Brunsbütteler Schleusen
und des Hafens von Ostermoor mit Elbschlick aufgehöht und
damit der landwirtschaftlichen Nutzung zugeführt. Auch
später wurden weitere Aufspülungen in unmittelbarer Nähe
des Sees bzw. seiner breiten Verlandungszone am Ufer vor-
genommen; dabei wird Baggergut aus dem Nord-Ostsee-Kanal
über Rohrleitungen in umdämmte Spülfelder gedrückt. Solche
Maßnahmen gefährden die Naturschutzfunktion dieser wich-
tigen "Vogelfreistätte", die zahlreichen Wasservogelarten
Rast- und Brutplätze bietet.

Vergleiche auch Punkt Nr. 96!

Lage:

Von Eddelak kommend in Kuden rechts abbiegen auf den Fahrweg; zunächst am Kliff entlang, dann dem südlich abzweigen-
den Wirtschaftsweg nach Buchholzermoor folgen. An der
Brücke über die Burger Au: Fußsteige bis auf die Angler-
stege am Ufer des Sees.

Besuchergruppen sollten nicht bis ans Ufer gehen, sondern
den Blick von der Klevoberkante bei Kuden wählen.

Literatur:

DITTMER 1938; DITTMER 1952; GRIPP 1964; MEIER 1982;
WOHLENBERG 1976.

Kreis: Dithmarschen	TK100: C2318	Punkt Nr.: 98
UTM: 32UME942768	Gauß-Krüger: r = 3 494200 h = 5978500	

Vorland vor dem Kaiser-Wilhelm-Koog: marine Sedimentation

Beschreibung:

Der Kaiser-Wilhelm-Koog wurde 1872/73 eingedeicht; seitdem
bildet sich vor dem Seedeich durch marine Sedimentation im
Gezeitenwechsel, allerdings anthropogen deutlich gefördert,
sogenanntes Vorland. Bodenkundlich handelt es sich um Salzmarsch. Wenn der Nordseespiegel über die "Mittlere-Tide-
Hochwasser-Linie" (MThw-Linie) ansteigt, kommt es zur natürlichen Sedimentation von Schlick auf der Vorlandober-
fläche. Im Profil ist dieser Anwachs als sturmflutgeschich-
teter Klei deutlich zu erkennen. Durch die Anlage von
Grüppen (Gräben), in denen die Flut häufiger und weiter
vordringen kann, und Äckern, auf die der in den Grüppen
abgelagerte Schlick aufgehäuft wird, beschleunigt man den
Prozeß der Auflandung. Seit der Jahrhundertwende werden
zudem Lahnungsfelder aus Buschwerk, Pfählen, Steinen oder
Erdreich errichtet: Die Lahnungen stehen bei MThw nur etwa
30 cm aus dem Wasser; im Lahnungsfeld, dessen durchschnitt-
liche Größe 400 x 400 m ist, wird die Strömungsgeschwindig-
keit des auf- und ablaufenden Wassers gemindert. Dadurch
kommt es zu verstärktem Schlickfall. Lahnungsfelder schließen sich seewärts an das durch Grüppen und Äcker gegliederte Vorland an. Vor dem Kaiser-Wilhelm-Koog folgt dann das
natürliche Watt.

Lage:

Straße von Marne zum Kaiser-Wilhelm-Koog bis zum Deich;
dort Parkmöglichkeit.

Fußwanderung in das Vorland mit Grüppen und Äckern; an
Abbruchkanten Sturmflutschichtungen im Profil; bei Ebbe
weiter durch die Lahnungsfelder in das Sandwatt. Abfolge
vom Deich senkrecht zur Küste: Salzmarsch (bis 600 m),
Schlickwatt (bis 800 m), Mischwatt (bis 2800 m), Sandwatt
(ab 2800 m). Diese Abfolge ist in Verlängerung des
"Norderquerweges" von Marne zum Seedeich zu finden;
nördlich und südlich davon ergeben sich andere Werte für
die Erstreckung v.a. des Mischwatts.

Literatur:

ELWERT 1980; FINNERN & BRÜMMER 1986; KOCK 1985;
MUUSS & PETERSEN 1978; REINECK 1982.

Kreis: Steinburg	TK100: C2322	Punkt Nr.: 99
UTM: 32UNE321708	Gauß-Krüger: r = 3 532100 h = 5972500	
Binnendünen bei Kremperheide		

Beschreibung:

Auf der Münsterdorfer Altmoräne sind südlich von Itzehoe
bei Kremperheide Binnendünen aufgeweht. Ihre Entstehung
fällt wohl in das Spätglazial der Weichseleiszeit, als bei
niedrigen Temperaturen, fehlender Vegetation und Trockenheit Fein- und Mittelsande aus der Umgebung ausgeweht und
hier zu Dünen zusammengetragen wurden.

Bei Kremperheide sind überwiegend unregelmäßig geformte
Kupstendünen zu finden; dies ist eine an den Sandfang durch
Vegetation gebundene Initialform der Dünenbildung. Die
Sande dürften aus trockenliegenden Terrassen und Bänken des
ehemaligen Elbeurstromtales ausgeweht worden sein. Heute
schließt sich unmittelbar nach Süden die Krempermarsch an.

Im Binnendünenfeld von Kremperheide ist an einer Profilwand
im Bereich einer aufgelassenen, heute wassererfüllten Sandgrube ein kräftig entwickelter Humuseisenpodsol mit Orterde
unter 10 cm holozänem Dünensand des Hangenden aufgeschlossen. Der von Dünensand überdeckte Boden zeigt hier, wie
auch an anderen Stellen im Lande, daß die Dünenbildung mit
der im Holozän dichter werdenden Vegetationsdecke zunächst
abgeschlossen war und sich ein Podsol bilden konnte; mit
zunehmender Verletzung der Vegetationsdecke durch den Menschen wurden aber vielerorts Dünen und Flugsande wieder
mobilisiert.

Lage:

Kurz vor dem südlichen Ortsausgang von Kremperheide in den
Bockwischer Weg, von diesem links ab in den Weg "Am Hang",
"Am Walde"; dort Parkmöglichkeit. Zu Fuß in den Wald in
Richtung Norden bis zum Gelände des Standortübungsplatzes.
An dessen Rand befindet sich die erwähnte Profilwand.

Literatur:

DÜCKER 1954; GRIPP 1964.

Kreis: Steinburg	TK100: C2322	Punkt Nr.: 100
UTM: 32UNE375706	Gauß-Krüger: r = 3 537500 h = 5972300	
Kreidegruben bei Lägerdorf		

Beschreibung:

Bei Lägerdorf sind Kreidekalke des Senon (Oberkreide) salinartektonisch bis 5 m ü NN gehoben worden. Darüber liegt nur eine dünne Decke von glazialen (früh-saale-eiszeitlichen) Sedimenten. Die Gletscher der Drenthezeit haben die obersten Kreideschichten zum Teil stark zerrüttet und gestört. Nach der Saaleeiszeit, möglicherweise auch erst im Holozän, kam es in der Lägerdorfer Kreide zu Ansätzen einer unterirdischen Verkarstung; darauf deuten kleine und mittlere Hohlformen (bis zu einigen Metern Durchmesser) sowie Karstschlote und Erdfälle, die 1944 in der Grube Alsen kartiert wurden.

Die Kreide liegt in Lägerdorf so dicht unter der Ober-fläche, daß bereits vor Jahrhunderten die Bauern der Münsterdorfer Geestinsel das Gestein aufgruben und als Malerkreide und Düngerkalk verkauften. Es gibt nicht viele Stellen in Schleswig-Holstein, an denen präquartäres Ge-stein so hoch ansteht. Die Ursache ist hier, wie auch bei Lieth, Bad Segeberg und Helgoland, der Aufstieg eines Salzstockes im Tertiär und Quartär. Mit den spezifisch leichteren Zechsteinsalzen gelangten auch die hangenden mesozoischen und tertiären Schichten nach oben.

Vergleiche auch Punkt Nr. 87, 105 und 108!

Lage:

Alsen und Breitenburger Zement- und Kalkwerke GmbH: süd-lich Lägerdorf (Besichtigung nach Voranmeldung).

Die Straße Dägeling - Lägerdorf führt auf schmalem Steg zwischen zwei Gruben hindurch. Auch von hier bekommt man einen Eindruck von dem seit 1872 betriebenen Tagebau (Tie-fe heute etwa 70 Meter).

Literatur:

DEGENS, HILLMER & SPAETH 1984; DEGN & MUUSS 1984; GRIPP 1964; TODTMANN 1951; WEBER 1957; WEBER 1977.

Exkursionsziele in den Kreisen Pinneberg (ohne Helgoland), Stormarn, Segeberg, Herzogtum Lauenburg und in Hamburg

(Exkursions-Punkte 101–126)

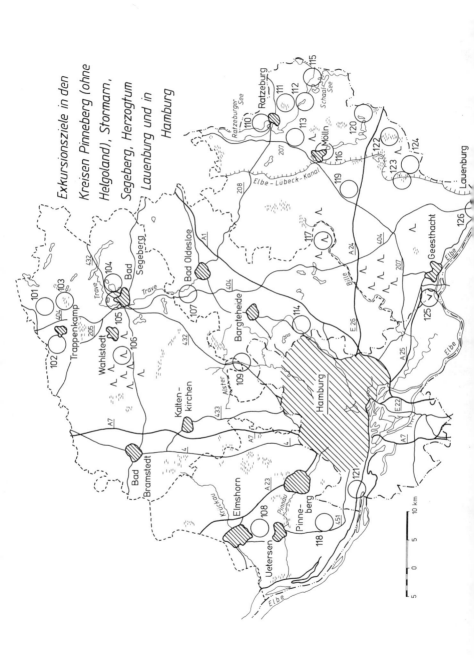

Exkursionsziele in den
Kreisen Pinneberg (ohne
Helgoland), Stormarn,
Segeberg, Herzogtum
Lauenburg und in
Hamburg

Kreis: Segeberg	TK100: C1926	Punkt Nr.: 101

UTM: 32UNE834912	Gauß-Krüger: r = 3 583400 h = 5993000

Grimmelsberg bei Tarbek: saaleeiszeitliche Altmoräne

Beschreibung:

Der Grimmelsberg (83 m ü. NN) wird als Durchragung einer saaleeiszeitlichen Altmoräne im Randbereich des weichselzeitlichen Inlandeises aufgefaßt. Es gibt hier eine Reihe von Indizien, die auf eine längere Dauer der periglazialen Überformung hinweisen. Zwar herrschte auch am Ende der Weichseleiszeit im Jungmoränengebiet für kürzere Zeit Periglazialklima, das z.B. kleinere Periglazialtälchen entstehen ließ; beim Grimmelsberg aber erscheint zur Erklärung der intensiven periglazialen Überformung die Annahme einer sehr viel längeren Kaltphase mit dauernder Bodengefrornis notwendig. Die Westnordwest-Ostsüdost streichenden Rücken des südöstlichen Grimmelsberges werden durch Senken gegliedert, die stark mit Solifluktionsmassen verfüllt sind. Das häufige Vorkommen von Windkantern und die für Altmoränen typische Radialzertalung sind weitere Indizien dafür, daß hier intensive periglaziale Vorgänge während der letzten Kaltzeit aktiv waren.

Während der Weichseleiszeit erreichte das Inlandeis den Nordrand des Grimmelsberges, an den dadurch jüngeres Moränenmaterial angelagert wurde. Dies geschah zur Zeit des zweiten Weichselvorstoßes, der im Gebiet zwischen Bornhöved und Neumünster die weiteste Ausdehnung der Inlandvereisung markiert. Die Schmelzwässer flossen über das Trappenkamper Gebiet ab und bauten dort einen mächtigen Sander auf (vgl. dazu Punkt Nr. 102).
Zu weiteren saaleeiszeitlichen Altmoränen am weichselzeitlichen Eisrand vergleiche auch Punkte Nr. 36, 119 und 120!

Lage:

Von Bornhöved nach Tarbek; in Tarbek nach links Richtung Schmalensee abbiegen ("Schmalenseer Weg"). Nach etwa 600 Metern erreicht man einen Punkt auf dem Grimmelsberg mit guter Aussicht nach Nordwesten über den Bereich des Bornhöveder Zungenbeckens. Der höchste Punkt des Grimmelsberges ist nicht über Wege zu erreichen. Er ist kenntlich an einem bronzezeitlichen Grabhügel.

Literatur:

BARSCH 1978; GARNIEL 1988.

Kreis: Segeberg	TK100: C1926	Punkt Nr.: 102
UTM: 32UNE775892	Gauß-Krüger: r = 3 577500 h = 5991000	

Niedertaukante des Trappenkamper Sanders bei Gönnebek

Beschreibung:

Das weichselzeitliche Inlandeis hat nicht immer markante Endmoränen an seinen Randlagen hinterlassen. Aber es gibt auch andere Indizien, die einen mehr oder weniger deutlichen Hinweis auf einen ehemaligen Eisrand liefern. Um ein solches handelt es sich bei der Niedertaukante des Trappenkamper Sanders südlich Gönnebek.

Im Raum zwischen Bornhöved und Neumünster kennzeichnet der zweite Vorstoß den Maximalstand der weichselzeitlichen Inlandvereisung. Aus der Verbreitung der ihm zugehörigen Grundmoränenreste und der Lage der erwähnten Niedertaukante läßt sich der Verlauf des Eisrandes rekonstruieren; er verlief von der Nordseite des Grimmelsberges (im Kern eine Altmoräne) über Bornhöved und Gönnebek zur Boostedter Altmoränenkuppe (94 m ü. NN) und von dort vermutlich weiter über das heutige Stadtgebiet von Neumünster. Die Hauptmasse der Schmelzwässer im hier beschriebenen östlichen Bereich der Randlage wurde von Nordosten (Bornhöved) und Osten (Tensfelder Raum) geschüttet, und zwar teilweise gegen den bei Gönnebek möglicherweise schon bald inaktiv gewordenen Eisrand. Das Gebiet um Gönnebek liegt heute etwa 10 Meter tiefer als die Oberfläche des zu jener Zeit aufgeschütteten Trappenkamper Sanders und trägt an seiner Oberfläche Reste von Moränenmaterial. Erst als das stagnierende Eis, gegen dessen Südrand der Trappenkamper Sander aufgeschüttet worden war, abtaute, wurde die Niedertaukante von Gönnebek herauspräpariert. Vergleiche auch Punkt Nr. 101!

Lage:

Vom Ortszentrum Bornhöved nach Gönnebek fahren; in Gönnebek links ab in Richtung Rickling. Ab dem südlichen Ortsausgang Gönnebeks (Kreuzung mit dem Laakener Weg) steigt das Gelände nach Süden hin an. Rechts der Straße beginnt hier der Trappenkamper Forst. Wandermöglichkeiten im Wald auf dem Trappenkamper Sander. Der (nicht spektakuläre) Geländeanstieg markiert die Gönnebeker Niedertaukante.

Literatur:

BARSCH 1978; FRÄNZLE 1983; STEPHAN & MENKE 1977;
STEPHAN, KABEL & SCHLÜTER 1983.

Kreis: Segeberg	TK100: C1926	Punkt Nr.: 103
UTM: 32UNE847882	Gauß-Krüger: r = 3 584700 h = 5990000	
Tensfelder Au: ehemalige mäandrierende Schmelzwasserrinne		

Beschreibung:

Am hier empfohlenen Haltepunkt wird der Nordhang der in den Trappenkamper Sander eingeschnittenen Tensfeld-Ricklinger Talung von einem kleinen, heute trockenen Periglazialtälchen aufgeschlitzt. Die Breite der Tensfelder Talung beträgt meist 500 bis 1000 Meter, die Eintiefung erreicht bei Tensfeld etwa 15 Meter. Im Spätglazial flossen hier erhebliche Wassermengen in einem mäandrierenden Schmelzwasserstrom nach Südwesten ab. Sie konnten den während des zweiten weichselzeitlichen Vorstoßes entstandenen Sander in dieser Weise erosiv zerschneiden, weil die Materialfracht zuvor in einem großen Staubecken im Bosauer Teil des Großen Plöner Sees sedimentiert worden war. Die Transportbelastung des Gerinnes war deshalb gering, die Erosionsleistung entsprechend groß. BARSCH (1978) schließt aus der Breite der Talung und der Größe der Mäanderradien (1 bis 2 km) auf einen zeitweise erreichten Spitzenabfluß von 500 bis 1000 Kubikmeter pro Sekunde.

Nur der Nordhang der Talung ist heute deutlich ausgeprägt. Der Südhang wurde offenbar streckenweise von Toteismassen gebildet und ist deshalb nach deren Niedertauen kaum noch exakt zu fassen. Auch der weithin vermoorte Talboden enthält toteisbedingte Mulden, die aber durch Verlandungsprozesse wieder verfüllt und mit Ausnahme des Muggesfelder Sees nicht mehr sichtbar sind.

Vergleiche auch Punkt Nr. 102!

Lage:

In Tensfeld Richtung Segeberg/Blunk fahren; nach etwa 1,5 Kilometern (hinter dem Betonwerk Zobel) an einer Bushaltestelle nach rechts abbiegen (am Torf- und Kieswerk Tensfeld); Fahrweg (5,5 t) etwa 1,4 Kilometer bis zur Einmündung eines Trockentälchens am nördlichen Talhang. Hier quert eine Stromleitung den Weg; weitere Aspekte der Tensfelder Talung bei Tensfeld oder zwischen Alt Erfrade und Pettluis.

Literatur:

BARSCH 1978; GRIPP 1953; GRIPP 1964; HÖLTING 1958.

Kreis: Segeberg	TK100: C2326	Punkt Nr.: 104
UTM: 32UNE880792	Gauß-Krüger: r = 3 588000 h = 5980900	

Erdfälle nördlich Stipsdorf am Großen Segeberger See

Beschreibung:

Der Große Segeberger See entstand als Einbruchshohlform durch Salzlösung im Untergrund. Seine Südwest-Nordost-Ausrichtung zeichnet die Lage des Segeberger Salzdomes nach, und sein auffallend geradliniges Westufer ist möglicherweise auf eine Verwerfung zurückzuführen. Pollenanalytische Untersuchungen seiner Sedimente, unterstützt durch absolute Datierungen (^{14}C), haben erwiesen, daß der See mindestens seit 12.000 Jahren besteht. Der Einbruch begann also bereits im Spätglazial.

Eine Besonderheit in der schleswig-holsteinischen Landschaft sind die Erdfälle nördlich von Stipsdorf. Die Einbrüche sind teilweise 12 bis 15 Meter tief und steil trichterförmig. Sie sind Erscheinungen des Gipskarstes im Bereich des Segeberger Salzdomes. Es handelt sich nicht um Dolinen, sondern um Erdfälle, da das lösungsfähige Gestein (Gips) nicht an der Oberfläche ansteht. Es ist von glazialem Sediment bedeckt. Die Erdfälle entstanden beim Einbruch von Lösungshohlformen im Untergrund durch Nachsacken der Bedeckung. Diese ist zum Teil jedoch nur 1 bis 2 Meter mächtig. Nach Beobachtungen von STEIN (1955) ist der Vorgang des Einsinkens offenbar noch nicht abgeschlossen.

Vergleiche auch Punkt Nr. 105!

Lage:

Von Bad Segeberg nach Stipsdorf; am östlichen Ortsausgang auf dem Wanderweg (Sackgasse: "Rönnauer Weg) nach Norden auf der Ostseite des Großen Segeberger Sees. Nach etwa 500 Metern kann man rechts zum Moosberg (82 m ü. NN) abbiegen. Von der Schutzhütte dort bietet sich ein guter Überblick über den See und die weitere Umgebung. Zurück zum Rönnauer Wanderweg; von diesem nach etwa 300 Metern links in Richtung See abbiegen. Dieser Weg führt durch ein Gebiet mit trichterförmigen Erdfällen.

Literatur:

AVERDIECK, ERLENKEUSER & WILLKOMM 1972; DEGN & MUUSS 1966; STEIN 1955.

Kreis: Segeberg	TK100: C2326	Punkt Nr.: 105

UTM: 32UNE865774 | Gauß-Krüger: r = 3 586500 h = 5979100

Gipsberg und Höhle in Bad Segeberg

Beschreibung:

Der Segeberger "Kalkberg" (91 m ü. NN) ist der Anhydrit-
und Gipshut eines salinartektonisch aufgedrungenen Zech-
stein-Salzdomes. Gips entsteht, wenn Anhydrit (CaSO$_4$) Wasser aufnimmt. Dies geschieht, wenn die Oberfläche eines
Salzstocks oder -domes von unten bis in den Bereich des
Grundwassers angehoben wird. Der Aufstieg des Segeberger
Salzdomes ist noch nicht abgeschlossen, wie Feinnivelle-
ments zeigen. Der Segeberger Gips wurde bis 1931 abgebaut.
Der Steinbruch ist später zur Freilichtbühne umgestaltet
worden. Auf dem Gipsberg kann man Lösungsformen des Gipskarstes beobachten. Es handelt sich um Rillenkarren: wenige
Zentimeter breite, in die geneigte Gesteinsoberfläche ein-
getiefte Rillen, die die Richtung des ablaufenden, als
Lösungsmittel wirkenden Niederschlagswassers anzeigen.

Die Segeberger Höhle entstand ebenfalls durch Lösung von
Gipsgestein. Sie ist, wie der Kleine Segeberger See an der
Südwestflanke des Berges, nicht älter als etwa 5000 Jahre
und stand mit diesem in Verbindung. Die See-Hohlform sank
infolge Salzauslaugung im Untergrund sukzessive ein und
füllte sich mit Wasser. Dieses gelangte über Klüfte in den
benachbarten Bereich der heutigen Höhle und erweiterte dort
vorhandene Kluftspalten durch Lösung. Die Höhlenabschnitte
haben meist keilförmigen Querschnitt, da das nicht mehr
lösungsfähige, gipsgesättigte Wasser nach unten sank. Das
spezifisch leichtere, untersättigte Wasser konnte weiter
oben die Klüfte stärker erweitern. Die Verbindung der heute
nicht mehr wassererfüllten Höhle zum Kleinen Segeberger See
ist inzwischen durch Plombierung der verbindenden Klüfte
mit Seesedimenten unterbrochen.

Vergleiche auch Punkt Nr. 104!

Lage:

In Bad Segeberg am Freilichttheater (innerörtlich ausgeschildert). Die Höhle kann unter Führung besichtigt werden.

Literatur:

DEGN & MUUSS 1966; GRIPP 1955; GRIPP 1963; GRIPP 1964;
HAGEL 1972; STEIN 1955.

Kreis: Segeberg	TK100: C2326	Punkt Nr.: 106
UTM: 32UNE753771	Gauß-Krüger: r = 3 575300 h = 5978800	

Waldsee im Staatsforst Segeberg bei Wahlstedt

Beschreibung:

Der Staatsforst Segeberg zwischen Wahlstedt und Hartenholm liegt überwiegend im Bereich eines höher gelegenen saaleeiszeitlichen Sanders. Dessen Oberfläche erreicht etwa 40 bis 50 m ü. NN. Er ist umgeben von niedrigeren Gebieten, über die während der Weichseleiszeit Schmelzwässer nach Westen und Südwesten abflossen.

Der Segeberger Forst ist hydrogeologisch gut untersucht. Die Sandmächtigkeit beträgt 20 bis 40 Meter, teilweise auch mehr. Die Sande werden unterlagert von Geschiebemergel, der als Grundwasserstauer wirkt. Der Grundwasserspiegel ist uhrglasförmig aufgewölbt und hat nur geringes Gefälle zu den Rändern hin. Der Grundwasserflurabstand beträgt im Bereich des kleinen Waldsees 10 bis 15 Meter. Der See hat keinen Kontakt zum Grundwasserkörper: Er ist folglich keine Grundwasserblänke.

Der flache Waldsee im Segeberger Forst entstand (und wird erhalten) durch Stau von Niederschlagswasser über einem Ortsteinhorizont des hier auf sandigem Substrat verbreiteten Podsolbodens. Die wasserstauenden Eigenschaften von Podsolen mit Ortstein sind sonst vor allem von den weichseleiszeitlichen Sanderflächen der niederen Geest bekannt, wo sich auf ihnen Niedermoore bilden konnten.

Lage:

Die Straße von Wahlstedt in Richtung Latendorf und Boostedt führt durch den Staatsforst Segeberg. Am Forsthaus Glashütte parken; von hier auf dem Waldweg etwa einen Kilometer geradeaus nach Südsüdost; am Stein mit der Beschriftung "91/92/145" rechts ab, dann wieder links bis zum idyllisch gelegenen kleinen Waldsee.

Literatur:

EINSELE & SCHULZ 1973

Kreis: Stormarn	TK100: C2326	Punkt Nr.: 107

UTM: 32UNE869658	Gauß-Krüger: r = 3 586900 h = 5967500

Drumlinlandschaft westlich des Travetales bei Nütschau

Beschreibung:

In der Umgebung von Bad Oldesloe sind Drumlins und drumlinoide Rücken seit langem bekannt. Zuletzt wurden sie von JAUHIAINEN (1975) und CIMIOTTI (1983) untersucht. Wie allgemein verbreitet, treten sie auch hier in Gruppen vergesellschaftet auf. Drumlins entstehen unter aktiv fließendem Eis; es sind Stromlinienkörper, die dem über sie hinwegfließenden Eis einen minimalen Scherwiderstand entgegensetzen. Ihre Längsachsen sind entsprechend der Eisbewegungsrichtung eingeregelt.

Die Drumlins nördlich Nütschau und östlich Tralau sind nordsüdlich bis nordnordwest-südsüdöstlich orientiert. Das Gebiet gehört zum äußeren weichselzeitlichen Vereisungsbereich. Die Drumlins um Bad Oldesloe sind vergleichsweise klein; ihre Länge beträgt meist zwischen 200 und 600 Meter, ihre Höhe etwa 4 bis 12 Meter. Sie sind bei weitem nicht alle geologisch untersucht; es kommen hier sowohl vollständig aus Geschiebelehm bestehende Drumlins vor als auch solche, bei denen ein Kern aus Schmelzwassersedimenten mit einer Geschiebelehmdecke übermantelt ist.

Allgemein treten Drumlinfelder dort gehäuft auf, wo das Inlandeis gegen flache Steigungen auflief oder die Fließrichtung radial divergierte. Sie entstehen vermutlich im Zusammenhang mit einem lokal eng begrenzten Wechsel von subglazialer Erosion (in den begleitenden Senken) und Akkumulation (auf den Stromlinienkörpern), und zwar unter Bedingungen, bei denen der basale Bereich des Eises in der Nähe des Druckschmelzpunktes liegt.

Zu weiteren Drumlins vergleiche Punkte Nr. 63 und 67!

Lage:

Von der B404 zwischen Bad Segeberg und Bad Oldesloe nach Kloster-Nütschau abbiegen. Dort links den "Wiesenweg" nach Norden fahren. Ein Drumlinfeld mit zwischengeschalteten Senken liegt zwischen diesem Weg und der Trave im Osten.

Literatur:

CIMIOTTI 1983; CIMIOTTI 1984; JAUHIAINEN 1975; MULLER 1974; RANGE 1933; STEPHAN 1987.

Kreis: Pinneberg	TK100: C2322	Punkt Nr.: 108
(a) UTM:32UNE450536 (b) UTM:32UNE450528	Gauß-Krüger: r = 3 545000 h = 5955300 Gauß-Krüger: r = 3 545000 h = 5954500	

Lieth bei Elmshorn: Salzton des Rotliegend; Aufschluß

Beschreibung:

In Lieth bei Elmshorn ist der rote Salzton des Rotliegend (unteres Perm) aufgeschlossen. Hier drang bis ins Quartär hinein ein Salzstock auf. Anders als in Lägerdorf, wo die hangenden mesozoischen Gesteinsschichten angehoben sind, wurden diese in Lieth durchbrochen. An der Oberfläche steht hier (a) roter Salzton des unteren Perm an. Er bildet den Hut des Salzstockes. Es handelt sich dabei um die Lösungs-rückstände des oberen, bis in den Grundwasserbereich auf-gedrungenen und gelösten Salzes. Andernorts besteht dieser Salzhut auch aus Anhydrit und Gips (Bad Segeberg).

Beim Salzaufstieg sind Zechsteinablagerungen, die das Hangende des Rotliegend bildeten, in das Rotliegend einge-sunken. In diese Zechsteinkalke sind wiederum, im Bereich von Verwerfungen und Dolinen, Kaolinsande des Tertiärs eingesunken (b). Während der Saaleeiszeit wurde der Top der Salzstruktur von Lieth durch das vordringende Inlandeis ab-gehobelt. Es blieb nur eine dünne Lage von glazialen Abla-gerungen der Saaleeiszeit erhalten. Stellenweise bilden Flugsande des Weichsel-Spätglazials den Abschluß.

Vergleiche auch Punkte Nr. 100 und 105!

Lage:

(a) In Klein-Nordende Richtung Lieth nach Osten in die Dorfstraße, dann rechts in den "Ziegeleiweg" bis zum Bahnübergang "Rotenlehm": dort ehemalige Tongrube und lithochromatische (durch das Ausgangsgestein bedingte) Färbung des Ackerbodens zu sehen; kein Aufschluß.

(b) In Klein-Nordende in die Straße "Sandhöhe", bis zur Tongrube; hier größerer Aufschluß u.a. im Rotliegend-Ton; dünne Überdeckung mit Flugsand.

Literatur:

DEGENS, HILLMER & SPAETH 1984; GRIPP 1964; ILLIES 1955; JARITZ 1973.

Kreis: Stormarn	TK100: C2326	Punkt Nr.: 109

UTM: 32UNE744561	Gauß-Krüger: r = 3 574400 h = 5957800

Flußmäander der Alster zwischen Kayhude und Wulksfelde

Beschreibung:

Die Alster fließt auf diesem Abschnitt im Bereich einer subglazialen Rinne der Weichseleiszeit. Das Weichseleis war bei seinem Maximalvorstoß bis in die Gegend von Hamburg-Ohlstedt vorgedrungen. Von einem Gletschertor bei Trillup (südwestlich Ohlstedt) flossen die Schmelzwässer wegen des starken Gefälles in einem Rinnensander zum Elbeurstromtal (Alstertal auf Hamburger Gebiet).

Während die meisten Fließgewässer in Schleswig-Holstein begradigt worden sind, fließt die Alster in diesem Gebiet noch in ihren natürlichen Mäanderschlingen. Aufgrund des durch die Fliehkraft verstärkten Stromstrich-Pendelns kommt es zur Erosion am versteilten Prallhang und zur Akkumulation am flachen Gleithang. Die Erosionsleistung wird maßgeblich von den Wirbeln in der turbulenten Strömung bestimmt. Die Wirbelbildung führt zu verstärkter Tiefen- und Seitenerosion am Prallhang und zu dessen seitlicher Unterschneidung. Es entstehen dadurch Steiluferabschnitte, die bei hinreichender Wasserführung, und damit Fließgeschwindigkeit und Turbulenz, weitergebildet werden.

Lage:

Auf der B432 von Bad Segeberg in Richtung Hamburg; am südlichen Ortsausgang von Kayhude auf den Parkplatz beim Gasthof "Alter Heidkrug"; von dort auf den Wanderwegen zwischen B432 und der Alster entlang des stark mäandrierenden Flusses nach Süden ("Alsterwanderweg" zwischen Rethfurt und Gut Wulksfelde). Die Alster hat in dem hier für Spaziergänger gut erschlossenen Gebiet Flußschlingen mit unterschnittenen Prallhängen ausgebildet, die stellenweise noch in Weiterbildung begriffen sind.

Literatur:

GRUBE, VLADI & VOLLMER 1976; MUUSS, PETERSEN & KÖNIG 1973.

Kreis: Herzogtum Lauenburg	TK100: C2330	Punkt Nr.: 110
UTM: 32UPE183526	Gauß-Krüger: r = 4 420300 h = 5953500	
Ratzeburger See & Küchensee: Zungenbeckensee		

Beschreibung:

Die Hohlform des Ratzeburger Sees und seiner südlichen Fortsetzung, des Küchensees, entstand durch Exaration in einem weichseleiszeitlichen Gletscherzungenbecken. Schmelzwasserabflüsse gab es bei Farchau im Süden und später bei Einhaus im Westen. Von Einhaus floß das Schmelzwasser durch die Einhaus-Fredeburger Rinne nach Süden (vgl. auch Punkt Nr. 113).

Die mittlere Wassertiefe im Ratzeburger See beträgt heute 15 Meter, an der tiefsten Stelle werden 24 Meter erreicht. Die Altstadt von Ratzeburg liegt auf einer während einer Rückzugsphase entstandenen Eisrandlage. Der Damm nach Westen ist natürlicher Entstehung (Endmoräne des Rückzugsstadiums), die Dämme nach Osten sind künstlich aufgeschüttet.

Lage:

Auf dem hohen Steilufer in Ratzeburg an der Straße nach Mechow gibt es einen Parkplatz mit Blick auf Ratzeburg und den See.

Fußwege mit Ausblicken auf den Ratzeburger See sind auf den Höhen bei Römnitz zu finden.

Literatur:

DEGN & MUUSS 1979; SCHLENGER, PAFFEN & STEWIG 1969.

Kreis: Herzogtum Lauenburg	TK100: C2330	Punkt Nr.: 111
UTM: 32UPE211481	Gauß-Krüger: r = 4 422900	h = 5948900

Glazifluviale Rinne bei der Flur Langenberg

Beschreibung:

Östlich der Flur Langenberg verläuft von Nordnordost nach Südsüdwest eine weichselzeitliche Schmelzwasserrinne. Sie läßt sich vom Garrensee im Norden bis zum Pötschersee verfolgen und biegt dann um zum Salemer See und Pipersee. Die glazifluvial erodierte Talung ist mehr als 20 Meter in das umgebende Gelände eingetieft. In ihr flossen im Weichselspätglazial die Schmelzwässer eines Rückzugsstadiums nach Süden zum Elbeurstromtal.

Vergleiche auch Punkt Nr. 112!

Lage:

Etwa 4 km südöstlich von Ratzeburg, unmittelbar östlich der Flur Langenberg (Kreisforst Farchau), nordnordöstlich von Salem; nur zu Fuß oder mit dem Fahrrad zu erreichen, da der Zufahrtsweg für PKW gesperrt ist. Dieser zweigt von der Straße zwischen Salem und Kittlitz nach Norden ab; Waldwanderung möglich.

Literatur:

DEGN & MUUSS 1979; PIELES 1958.

Kreis: Herzogtum Lauenburg	TK100: C2330	Punkt Nr.: 112
UTM: 32UPE212468	Gauß-Krüger: r = 4 422900 h = 5947600	
Salemer See: glazifluviale Rinne; Aufschluß		

Beschreibung:

Der Salemer See liegt in einer gut 20 Meter tief eingeschnittenen, vom Garrensee über Salem bis zum Pipersee verlaufenden glazifluvialen Rinne. Seine maximale Wassertiefe
beträgt 9 Meter. Die Seeoberfläche liegt, wie die des
Schaalsees, bei NN +35 m.

Die Salemer-See-Rinne wurde während eines Rückzugsstadiums
der Weichseleiszeit durch zum Elbeurstromtal abfließende
Schmelzwässer erodiert. Sie ist eingeschnitten in Schmelzwassersande, die hier bei Salem in horizontaler Lagerung
aufgeschlossen sind. Unmittelbar hinter der Aufschlußwand
fällt das Gelände steil zur Salemer-See-Rinne hin ab.

Vergleiche auch Punkt Nr. 111 und 115!

Lage:

An der Straße Salem - Dargow, kurz vor dem Ortsausgang von
Salem, liegt rechterhand der Aufschluß in einer Sandentnahmestelle; hier auch Parkmöglichkeit. Oberhalb der Aufschlußwand geht der Blick nach Süden und Südwesten in die
tief eingeschnittene Salemer-See-Rinne mit dem gleich-
namigen See.

Eine Rundwanderung ist möglich, aber nur auf der Südseite
des Sees führt der Weg nahe am Ufer entlang.

Literatur:

DEGN & MUUSS 1975; PIELES 1958.

Kreis: Herzogtum Lauenburg	TK100: C2330	Punkt Nr.: 113

UTM: 32UPE152465 | Gauß-Krüger: r = 4 416900 h = 5947600

Wensöhlengrund bei Schmilau: glazifluviale Rinne

Beschreibung:

Die Talung des Wensöhlengrundes bei Schmilau ist genetisch als um 25 Meter eingetiefte glazifluviale Rinne der Weichseleiszeit zu interpretieren. Diese heute bewaldete Rinne verläuft von Schmilau nach Tangenberg. Das zugehörige Gletschertor, aus dem die Schmelzwässer austraten, lag bei Schmilau. Der Wensöhlengrund wird bei Tangenberg von der ebenfalls glazifluvial angelegten, aber später ausgeformten Einhaus-Fredeburger Rinne geschnitten. Der Wensöhlengrund gehört chronologisch in ein Rückzugsstadium der späten Weichseleiszeit. Die sandigen Schmelzwasserablagerungen, die in seiner Umgebung zu finden sind, "verlängerten" beim schrittweisen Eisrückzug den vorher aufgeschütteten Grambeker Sander "nach hinten". Später erodierten die Schmelzwässer die Rinne des Wensöhlengrundes.

Diese Vorgänge (Verlängerung des Sanders nach hinten, Einschneiden von glazifluvialen Rinnen) sind für das Geschehen am weichselzeitlichen Eisrand in Schleswig-Holstein typisch.

Lage:

Südwestlich Schmilau, an der Straße von Schmilau nach Mölln, gibt es einen Parkplatz für PKW und Busse mit Hinweistafel; von dort zu Fuß auf Wanderwegen durch den deutlich eingeschnittenen, heute bewaldeten Wensöhlengrund nach Tangenberg und zurück (etwa 4 km, Rundweg möglich).

Literatur:

DEGN & MUUSS 1979; GRIPP 1964; PIELES 1958.

Kreis: Stormarn		TK100: C2326	Punkt Nr.: 114
UTM: 32UNE811463	Gauß-Krüger: r = 3 581100 h = 5948000		
Stellmoor-Ahrensburger Tunneltal			

Beschreibung:

Das weichselzeitliche Inlandeis drang bei seinem Maximalvorstoß bis auf das heutige Hamburger Stadtgebiet vor. Es
hinterließ an seinem Rand keine größeren Endmoränen und
auch keinen flächenhaften Sander. Das Gefälle zum nur wenige Kilometer entfernten Elbeurstromtal war groß, und folglich entstanden im Hamburger Raum nur Rinnensander (Wandse-
tal, Alstertal). Im Gebiet Ahrensburg-Meiendorf wurde durch
die unter dem Eis unter Druck abfließenden Schmelzwässer
ein Tunneltal erodiert. Es gehört zu einem ganzen Netz von
subglazialen Rinnen in der nordwestlichen Umgebung von Hamburg.

Durch die weltweit bekannt gewordenen Grabungen von Alfred
Rust (bei Stellmoor und Meiendorf) konnte nachgewiesen
werden, daß dieses Gebiet schon während der Weichseleiszeit
von nomadisierenden Rentierjägern aufgesucht worden war.
Diese hatten während der kurzen Sommersaison in der Nähe
des Eisrandes (erfolgreich) ihrer Beute nachgestellt und
die Abfälle in dem inzwischen eisfreien Tunneltal hinterlassen.

Lage:

Von der B75 (Ahrensburg-Hamburg) kurz vor der Hamburger
Stadtgrenze nach Osten abbiegen (Schilder: "Peerstall",
"Friedrich-Ebert-Stiftung"); am Hof Stellmoor vorbei über
die Bahnlinie (Straße "Brauner Hirsch"); über die Hagener
Allee in Richtung Stadtmitte Ahrensburg fahren, dann links
in den Burgweg einbiegen; an dessen Ende links in die Sackgasse ("Am Rehm") und bis zum Parkplatz; zu Fuß ins Naturschutzgebiet "Stellmoor-Ahrensburger-Tunneltal"; dem Wald-
pfad folgen bis zur mittelalterlichen Burganlage "Arens-
velde" im vermoorten Tunneltal; gegebenenfalls weiter auf
dem Moorwanderweg (schwimmender Bohlenweg) durch den Bruch-
wald über den Hopfenbach.

Literatur:

DEGN & MUUSS 1979; GRUBE 1968; GRUBE 1983; RUST 1978.

Kreis: Herzogtum Lauenburg	TK100: C2330	Punkt Nr.: 115

UTM: 32UPE254452	Gauß-Krüger: r = 4 427100 h = 5945800

Schaalsee: tiefes Gletscherzungenbecken der Weichseleiszeit

Beschreibung:

Der Schaalsee ist mit einer maximalen Tiefe von 71,5 m
einer der tiefsten Seen Norddeutschlands. Es handelt sich
um ein durch Toteismassen konserviertes Zungenbecken wohl
des Frankfurter Stadiums der Weichseleiszeit. Die an
vielen Stellen steil abfallenden Seeufer sind typische,
beim Ausschmelzen von Toteis entstandene Formen.

Die Seeoberfläche liegt mit NN +35 m relativ hoch. Das
Gefälle zu dem nur 10 km entfernten Ratzeburger See (vgl.
Punkt Nr. 110), dessen Oberfläche bei NN + 4 m liegt, gab
Anlaß zum Bau des Schaalseekanals (1925). Dieser ermög-
licht es, den Niveauunterschied zur Energiegewinnung aus-
zunutzen. Er führt einen Teil des Wassers über die Wasserscheide hinweg in das Einzugsgebiet der Trave.

Der Schaalsee ist aufgrund seines großen Hypolimnions
physiographisch oligotroph, zeigt jedoch heute anthropogen
bedingte Eutrophierungstendenzen (sommerliche Sauerstoff-
zehrung im Hypolimnion).

Lage:

Etwa 15 Kilometer südöstlich von Ratzeburg, an der Strecke
von Dargow nach Bresahn, hat man etwa einen Kilometer hinter Dargow einen guten Blick auf den See.

Bei Seedorf und Großzecher (gegenüber) gibt es auch ufer-
nahe Fußwege.

Literatur:

GRIPP 1964; MUUSS, PETERSEN & KÖNIG 1973.

Kreis: Herzogtum Lauenburg	TK100: C2330	Punkt Nr.: 116
(a) UTM:32UPE122444 (b) UTM:32UPE132409	Gauß-Krüger: r = 4 413800 h = 5945600 Gauß-Krüger: r = 4 414800 h = 5942100	

Mölln-Gudower-Seenrinne: glazifluviale Rinne

Beschreibung:

Lüttauer See, Schmalsee, Hegesee, Schulsee und Möllner See liegen in einer ehemaligen (subglazial angelegten?) Schmelzwasserrinne im Bereich des Grambeker Sanders. Umstritten ist die Frage, ob es sich um ein subglaziales Tunneltal handelt. Das zu diesem gehörige Gletschertor hätte dann bei Besenthal gelegen. Die Rinne ist dann - wenn es sich wirklich um ein konserviertes Tunneltal handelt - durch Toteis plombiert und anschließend von Schmelzwassersanden überschüttet worden (vom Gletschertor bei Mölln). Erst durch das Tieftauen im Postglazial wäre dann die Rinne als Hohlform wieder zu Tage getreten.

Der östliche Zweig der "Möllner Rinnengabel", in dem heute der Elbe-Lübeck-Kanal verläuft, wird dagegen unumstritten als subaerische glazifluviale Rinne interpretiert, durch die die Schmelzwässer des Lübecker Zungenbeckens - ab Mölln in den Sander einschneidend - nach Süden zum Elbeurstromtal entwässerten.

Vergleiche auch Punkt Nr. 122!

Lage:

(a) Mölln, Heidberg: Parkplatz an der Straße von Mölln nach Ratzeburg, am Ortsausgang von Mölln; von dort zu Fuß durch den Wald und durch eine Gartensiedlung zum Südabhang des Heidberges mit gutem Blick auf Mölln und die Seen.

(b) Parkplatz am Südende des Lüttauer Sees; von Möllner Zentrum kommend: Gudower Weg bis zum Lüttauer See; Rundwanderwege um den Drüsensee, Lüttauer See und Schmalsee.

Literatur:

DEGN & MUUSS 1979; GRIPP 1964; PIELES 1958; SCHLENGER, PAFFEN & STEWIG 1969.

Kreis: Stormarn	TK100: C2326	Punkt Nr.: 117

UTM: 32UNE965418   Gauß-Krüger: r = 3 596500   h = 5943500

Hahnheider Berg bei Trittau: weichseleiszeitlicher Nunatak

Beschreibung:

Das Gebiet der Trittauer Hahnheide besteht überwiegend aus Schmelzwassersanden, die während der jüngeren Saaleeiszeit (Warthe) zu einem Endmoränenzug aufgestaucht wurden. Es liegt aber innerhalb des auch weichselzeitlich vereisten Gebietes. Nach den Untersuchungen von TODTMANN (1954) ragte der zentrale Teil der Hahnheide während der letzten Eiszeit als Nunatak aus der geschlossenen Eisdecke heraus. Die warthezeitliche Endmoräne hatte die näherrückende weichselzeitliche Eismasse behindert und bewirkt, daß sich die Gletscherfront in eine westliche und eine östliche Zunge gabelte. Diese vereinigten sich südlich der Hahnheide wieder. Teile des Gebietes wurden dabei überfahren, das Zentrum blieb eisfrei.

Auf das warthezeitliche Alter von Teilen der Hahnheide deuten typische, deutlich ausgeprägte Periglazialerscheinungen. Über dem sandigen, aber gefrorenen und dadurch wasserundurchlässigen Untergrund kam es zur Bildung von heute trockenen Tälern (Periglazialtälchen). Außerdem führten äolische Prozesse unter kaltzeitlichen Bedingungen zur Entstehung von Steinsohlen (Sandausblasung) und Windkantern.

Lage:

Hahnheider Berg östlich Trittau; Zugang von Norden: Von Grönwohld nach Feilberg am Nordrand der Hahnheide; von hier nach Süden in das Naturschutzgebiet hinein; im Wald zunächst dem Fahrweg Richtung Trittau folgen, dann links ab in Richtung Hamfelde. Von diesem Weg zweigt links ein Waldwanderweg zum Aussichtsturm ab (Turmsymbol auf kleiner Holztafel). Zugang von Süden: In Hamfelde am Südrand der Hahnheide von der Dorfstraße nach links in die Schulstraße (Richtung Köthel) einbiegen, von dieser wieder links in die Straße "Hasenberg" bis zum Parkplatz im Wald. Waldwanderung nach Norden und dann dem Hinweisschild zum Turm folgen. Guter Überblick vom Aussichtsturm (134 m ü. NN)!

Literatur:

DEGENS, HILLMER & SPAETH 1984; GRIPP 1964; TODTMANN 1954.

Kreis: Pinneberg	TK100: C2322	Punkt Nr.: 118
UTM: 32UNE455416	Gauß-Krüger: r = 3 545500 h = 5943300	
Holmer Sandberge: Binnendünenareal		

Beschreibung:

Bei Holm sind am Rande des Elbeurstromtales Flugsande zu
einem größeren Binnendünenareal aufgeweht. Am Ende der
Weichseleiszeit wurden bei niedrigen Temperaturen und feh-
lender Vegetation aus trocken liegenden Sandbänken und
Terrassen des Elbeurstromtales Sand und Schluff ausgeweht.
Während der Schluff weit transportiert wurde und an den
Mittelgebirgen als Löß zur Ablagerung kam, entstanden aus
den Fein- und Mittelsanden in nur geringer Entfernung vom
Ausblasungsort Flugsanddecken und Dünen.

In den Holmer Sandbergen, einem Naherholungsgebiet des
weiteren Hamburger Umlandes, sind die spätglazialen Flugsande zu maximal 7 Meter hohen Dünen aufgehäuft. Aufgrund
anthropogener Zerstörung der Pflanzendecke sind sie zum
Teil frei von Vegetation und vermitteln dadurch ein ur-
sprünglicheres Bild dieser äolisch geprägten Landschaft.

Stellenweise finden sich in den Holmer Sandbergen vermoorte
Senken; dort kam es zu einem Wasserstau über dem liegenden
Geschiebemergel der Saaleeiszeit und damit zur Hochmoor-
bildung.

Lage:

In Holm den "Lehmweg" Richtung Pinneberg wählen, dann
rechts ab in den Weg "Im Sande", von diesem links ab in den
Weg "In der Heide", zum Waldsportplatz. Hier findet man
einen Parkplatz, Wanderwege und Hinweistafeln mit Erläuterungen zur Geologie und Landschafts- und Vegetations-
geschichte.

Um die Holmer Sandberge herum gibt es vier weitere, ähnlich
ausgestattete und ausgeschilderte Parkplätze (als Ausgangs-
punkte für Rundwanderungen).

Literatur:

DÜCKER 1954; GRIPP 1964.

Kreis: Herzogtum Lauenburg	TK100: C2726	Punkt Nr.: 119
UTM: 32UPE053375	Gauß-Krüger: r = 4 406600 h = 5939000	
Saaleeiszeitliche Altmoräne bei Talkau		

Beschreibung:

In unmittelbarer Nachbarschaft zum weichselzeitlichen Eisrand des Maximalvorstoßes, der hier im Bogen von Grabau
über Kankelau, Tramm und Breitenfelde nach Westen zur
Trittauer Hahnheide verläuft, ragt die Niendorf-Talkauer
Altmoräne auf (82 m ü. NN). Sie wurde nicht vom Weichseleis überfahren und blieb so die ganze letzte Eiszeit
über im periglazialen Einflußbereich.

So konnten hier periglaziale Prozesse den Höhenrücken in
typischer Weise überprägen. Zu ihnen zählen die Radialzertalung durch in kleinen Tälchen über gefrorenem Untergrund abfließendes Wasser (heute Trockentälchen; Periglazialtälchen) und die äolische Überformung durch Wind.

Die Radialzertalung ist am besten auf topographischen
Karten zu erkennen. Dagegen sind die durch sandbeladenen
Wind geschliffenen und facettierten Windkanter an dem hier
angegebenen Exkursionspunkt im Gelände zu finden (Acker).

Ähnliche Altmoränen in der Nähe des weichselzeitlichen Eisrandes sind unter anderem der Segrahner Berg, der Grimmelsberg und die Nordhöhe.

Vergleiche auch Punkte Nr. 36, 101 und 120.

Lage:

Straße von Talkau nach Tramm: Auf der Kuppe zweigt eine
Straße nach links Richtung Niendorf ab; hier halten.

Auf dem Acker nördlich der Straße Talkau-Tramm kann man im
Frühjahr oder Herbst, wenn der Acker frisch umgebrochen
ist, Windkanter finden.

Literatur:

DEGENS, HILLMER & SPAETH 1984; GRIPP 1964; PIELES 1958.

Kreis: Herzogtum Lauenburg	TK100: C2730	Punkt Nr.: 120
UTM: 32UPE208358	Gauß-Krüger: r = 4 422100	h = 5936600

Segrahner Berg: weichselzeitlich überprägte Altmoräne

Beschreibung:

Die ältere Forschung sah im Segrahner Berg, der aus seiner Umgebung fast unvermittelt um 45 bis 50 Meter herausragt, eine weichselzeitliche Endmoräne. In der Tat fügt er sich gut in den Verlauf einer letzteiszeitlichen Eisrandlage ein, die von Zarrentin über Besenthal, Göttin, Güster und Roseburg nach Westen zieht und von der aus der Büchener Sander (nach Süden hin) aufgeschüttet wurde. Es gibt jedoch am Segrahner Berg, dessen Zentrum durch einen großflächigen Kiesabbau zwar um etwa 10 Meter auf etwa 70 m NN erniedrigt, insgesamt aber gut aufgeschlossen ist, deutliche Hinweise auf eine im wesentlichen saalezeitliche Entstehung. Hierzu zählen vor allem die typische Radialzertalung (durch Periglazialtälchen, heute Trockentälchen) und das häufige Vorkommen von Windkantern. Beides sind Anzeichen für eine längere Zeit periglazialer Überprägung während der Weichseleiszeit.

In der letzten Eizeit rückte dann das Eis von Osten (möglicherweise ein Schaalseelobus) bis an die Flanken des Berges und preßte Jungmoränenmaterial an. Der saalezeitliche Kern dieser "Altmoräne" besteht ganz überwiegend aus wohl eisrandnah geschütteten Sanden und Kiesen.

Altmoränen in unmittelbarer Nähe des weichselzeitlichen Eisrandes sind in Schleswig-Holstein keine Seltenheit (vgl. auch Punkte Nr. 36, 101 und 119).

Lage:

Von Gudow in Richtung Zarrentin (DDR) fahrend biegt man 300 Meter nach der Kiesgrubenzufahrt kurz vor der Grenze nach rechts ab. Vom Parkplatz dort führt ein Rundwanderweg (etwa 6 Kilometer) um den bewaldeten Segrahner Berg herum.

Literatur:

DEGENS, HILLMER & SPAETH 1984; PIELES 1958; SCHLENGER, PAFFEN & STEWIG 1969.

Hansestadt Hamburg	TK100: C2722	Punkt Nr.: 121
UTM: 32UNE528352	Gauß-Krüger: r = 3 552800 h = 5936900	
Blankenese: saalezeitliche Stauchendmoräne, Elbeurstromtal		

Beschreibung:

Vom Bismarckstein geht der Blick nach Süden über die weite
Niederung des Elbeurstromtales mit den Marschen des Alten
Landes jenseits der Elbe bis zu den Geesthöhen auf der
niedersächsischen Seite.

Während der Weichseleiszeit wurden hier die Schmelzwässer
des im Nordosten liegenden Inlandeises in den Raum der
heutigen Nordsee und weiter durch eine Rinne im Bereich des
Ärmelkanals in den Atlantik abgeführt. Bis -25 m NN reichen
hier im Urstromtal die älteren quartären Schotter. Darüber
folgen zunächst die groben weichseleiszeitlichen Talsande
(also die eigentlichen Urstromtalablagerungen) und dann bis
-6 m NN nacheiszeitliche, feinere Flußsande.

Mit dem holozänen Meeresspiegelanstieg und schließlich dem
Eindringen der Nordsee in das Elbe-Ästuar kam es zu
Schlickfall und Marschbildung (Aufhöhung bis maximal +1 m
NN). Im 12. und 13. Jahrhundert wurden die Elbmarschen des
Alten Landes durch ins Land gerufene Holländer bedeicht.

Bismarckstein und Süllberg (85 m ü. NN) galten bislang als
Stauchmoränen des jüngst-saaleeiszeitlichen Eisrandes. Dieser
verlief demnach von Blankenese nach Süden über die Linie
des erst in der Weichseleiszeit eingeschnittenen Elbeurstromtales hinüber in die Harburger Berge und weiter zum
Wilseder Berg. Neuere Untersuchungen (WILKE & EHLERS 1983)
belegen die Entstehung der Blankeneser Berge durch glaziale
Stauchung (bis in 100 Meter Tiefe), legen aber eine Datierung in die mittlere Saaleeiszeit nahe. Die angenommene
Verbindung mit den Harburger Bergen ist noch nicht sicher
nachgewiesen.

Lage:

In Blankenese Fußweg am Elbufer entlang und hinauf zum
Bismarckturm (nähe Süllberg, 85 m NN).

Literatur:

DEGN & MUUSS 1966; GRIPP 1964; ILLIES 1952;
WILKE & EHLERS 1983; WOLDSTEDT & DUPHORN 1974.

Kreis: Herzogtum Lauenburg	TK100: C2730	Punkt Nr.: 122

UTM: 32UPE154303	Gauß-Krüger: r = 4 416400 h = 5931400

Langenlehstener Rinne: glazifluviale Rinne

Beschreibung:

Die Langenlehstener Rinne erstreckt sich in nord-südlicher Richtung von Besenthal über Langenlehsten bis Fortkrug. Sie ist nur schwach, aber dennoch deutlich erkennbar in den Büchener Sander eingetieft. Von einem Gletschertor bei Besenthal, das zu der Eisrandlage Zarrentin - Segrahn - Roseburg gehörte (vgl. Punkt Nr. 120), flossen hier während der Weichseleiszeit Schmelzwässer nach Süden zum Elbe-urstromtal und erodierten dabei die flache Rinne. Möglicherweise stellt sie die subaerische Fortsetzung der (allerdings umstrittenen) subglazialen Entwässerungslinie des Mölln-Gudower Tunneltals dar (vgl. Punkt Nr. 116).

An dem hier angegebenen Exkusionspunkt in der Mitte der Rinne ist eine kleine (heute bewaldete) Kuppe zu finden. Sie wird als Schmelzwassersediment-Füllung von Spalten in hier liegengebliebenem stagnierenden Eis gedeutet.

Lage:

Von Büchen über Büchen-Dorf und Bröthen nach Langenlehsten. Hinter dem nördlichen Ortsausgang von Langenlehsten führt ein Feldweg in das Landschaftsschutzgebiet; diesen etwa 400 Meter zu Fuß gehen bis zur kleinen bewaldeten Kuppe links des Weges.

Literatur:

PIELES 1958; SCHLENGER, PAFFEN & STEWIG 1969.

Kreis: Herzogtum Lauenburg	TK100: C2726	Punkt Nr.: 123

UTM: 32UPE088271	Gauß-Krüger: r = 4 409700 h = 5928400

Glazifluviale Stecknitz-Delvenau-Rinne bei Büchen-Dorf

Beschreibung:

Vom westlichen Ortseingang Büchen-Dorf aus geht der Blick hinab in die weichseleiszeitliche glazifluviale Stecknitz-Delvenau-Rinne. In ihr wurden subaerisch die Schmelzwässer aus dem Lübecker Zungenbecken nach Süden zum Elbeurstromtal abgeführt. Die breite Rinne schneidet in den Büchener Sander, der zuvor aufgeschüttet worden war, ein. Dies war möglich, da die im Lübecker Eisstausee vorgeklärten Wässer von ihrer Sedimentfracht weitgehend befreit waren und somit stärker erosiv wirksam sein konnten.

Schon im 14. Jahrhundert wurde in der Rinne der Stecknitzkanal von der Elbe bis zur Trave geführt. Hier wurde vor allem Lüneburger Salz nach Lübeck gebracht. Heute nutzt der Elbe-Lübeck-Kanal diese und weitere im Norden gelegene glazifluviale Rinnen der Weichseleiszeit, um die Talwasserscheide zu überwinden.

Lage:

Westlicher Ortseingang von Büchen-Dorf, am Abhang zur Stecknitz-Delvenau-Rinne.

Literatur:

DEGENS, HILLMER & SPAETH 1984; GRIPP 1964; PIELES 1958.

Kreis: Herzogtum Lauenburg	TK100: C2726	Punkt Nr.: 124
UTM: 32UPE100271	Gauß-Krüger: r = 4 410900 h = 5928400	
Büchener Sander bei Bröthen		

Beschreibung:

Zwischen Büchen-Dorf und Bröthen fährt man über die ebene, sanft nach Süden abdachende Fläche des weichselzeitlichen Büchener Sanders. Dieser wurde von Norden in Richtung Elbe-Urstromtal aufgeschüttet, als der Eisrand bei Roseburg, Güster und Besenthal lag. Die zugehörigen Gletschertore lagen bei Hornbek, Besenthal, südlich des Gudower Sees, in der Boizeniederung östlich des Segrahner Berges und bei Zarrentin.

Der weichselzeitliche Maximalvorstoß war jedoch zuvor noch etwas weiter nach Süden vorgedrungen. Darauf deuten toteisbedingte Kleinformen (Hohlformen: Sölle) auf dem Büchener Sander, die nach Süden hin fast bis Schwanheide kartiert wurden. Heute sind solche Formen oft durch die intensive Landwirtschaft wieder verfüllt.

Toteislöcher im Sander sind in Eisrandgebieten, die später von Schmelzwasserablagerungen überprägt wurden, oft das einzige (morphologische) Indiz für eine ehemalige extreme Eisrandlage. Sie können allerdings mit Hohlformen verwechselt werden, die durch sog. "Aufeis" entstehen (von Schmelzwassersanden überschotterte Eisbildungen auf dem Sander).

Vergleiche auch Punkt Nr. 122!

Lage:

Straße zwischen Büchen-Dorf und Bröthen, kurz vor Bröthen.

Der Punkt ist nicht spektakulär oder von besonderem landschaftlichem Reiz (was allgemein für Sanderflächen gilt).

Literatur:

DEGENS, HILLMER & SPAETH 1984; GRIPP 1964; PIELES 1958.

Kreis: Herzogtum Lauenburg	TK100: C2726	Punkt Nr.: 125

UTM: 32UNE877225	Gauß-Krüger: r = 3 587700 h = 5924200

Voßmoor bei Düneberg: Binnendünenareal im Elbeurstromtal

Beschreibung:

Bei Geesthacht ist das Elbeurstromtal etwa 10 Kilometer breit. Während der Weichseleiszeit wurden die aus den nacheinander benutzten weiter östlich gelegenen Urstromtälern (Glogau-Baruther U., Warschau-Berliner U., Thorn-Eberswalder U.) herangeführten Wassermassen durch das Elbeurstromtal nach Westen in den Raum der heutigen Nordsee und durch eine Rinne im Bereich des heutigen Ärmelkanals weiter in den eiszeitlichen Atlantik geleitet.

Das nördliche Steilufer ragt bei Düneberg etwa 50 Meter und mehr hoch auf. Auf dem Talboden, jedoch in typischer Randposition, ist hier ein Binnendünenfeld zu finden. Solche Binnendünen (oft Parabeldünen mit flacher Luv- und steiler Leeseite) entstanden im Spätglazial dort, wo bei fehlender Vegetation und hinreichender Trockenheit ausblasbares Sediment zur Verfügung stand. Das war in den Urstromtälern, besonders auf ihren rasch nacheinander entstandenen Terrassen, der Fall. In Dünen und Flugsandfeldern kamen vor allem Fein- und Mittelsande zur Ablagerung, während der feinere Schluff zum Teil sehr viel weiter transportiert und als Löß sedimentiert werden konnte.

Zwischen den Besenhorster/Düneberger Sandbergen und dem nördlichen Steilufer des Elbtales hat sich später ein Randmoor gebildet.

Lage:

Zufahrt von Escheburg Richtung Altengamme (7,5 t); Busse müssen einen östlichen Bogen über die B404/Altengamme fahren. Auf dem Elbdeich zu Fuß nach Osten bis in das Dünenareal hinein.

Quer durch das Dünenareal verläuft die Grenze zwischen dem Kreis Herzogtum Lauenburg und der Freien und Hansestadt Hamburg.

Literatur:

DEGN & MUUSS 1966; GRIPP 1964.

Kreis: Herzogtum Lauenburg	TK100: C2726	Punkt Nr.: 126
UTM: 32UPE024149	Gauß-Krüger: r = 4 402800 h = 5916500	
Steilufer der Elbe bei Lauenburg: Aufschluß		

Beschreibung:

Während der Maximalausdehnung des Weichseleises wurde das Elbeurstromtal endgültig ausgeformt. Dabei entstand auch der bei Lauenburg 30-50 Meter hohe Steilabfall des Geestplateaus zur Elbe. Unterhalb der Jugendherberge war (und ist zum Teil auch heute noch) ein bekanntes geologisches Profil aufgeschlossen.

Das Steilufer wird aufgebaut von Geschiebemergelpaketen der Drenthezeit (frühe Saaleeiszeit) mit zwischengeschalteten Beckensanden, glazifluvialen Sanden und Beckenschluffen, die teilweise gestaucht sind. In Muldenposition sind darüber örtlich bis zu 2 Meter mächtige Torfe der Eemwarmzeit zu finden, die wiederum von weichselzeitlichen Beckensanden überdeckt sind. Die in der Schichtabfolge fehlenden warthezeitlichen Sedimente sind vermutlich der Abtragung zum Opfer gefallen.

Lage:

Der Aufschluß befindet sich unmittelbar unterhalb der Lauenburger Jugendherberge am hohen Elbufer. Am Fuß des Steilhanges verläuft ein Fußweg, der je nach Jahreszeit und Witterung weitere Blicke auf Teile der mehr oder weniger gut aufgeschlossenen Schichtfolge zuläßt.

Literatur:

DEGENS, HILLMER & SPAETH 1984; MEYER 1965; MEYER 1973; SCHLENGER, PAFFEN & STEWIG 1969.

Literaturverzeichnis

Ahrend, K. (1986): Auswirkungen eines Spülkörpers auf die
  Sedimentationsverhältnisse vor der Westküste Hörnums/Sylt.
  Meyniana 38, 95-109.

Aletsee, L. (1959): Zur Geschichte der Moore und Wälder des
  nördlichen Holsteins. Nova Acta Leopoldina, Leipzig, 21, 139.

Averdieck, F.R., Erlenkeuser, H. & Willkomm, H. (1972): Alters-
  bestimmung an Sedimenten des Großen Segeberger Sees. Schriften des
  Naturwissenschaftlichen Vereins Schleswig-Holstein 42, 47-57.

Bähr, J. (1987): Nordfrieslands Küste im Wandel. In: J. Bähr & G.
  Kortum (Hg.): Schleswig-Holstein. Sammlung Geographischer
  Führer Bd. 15, 85-112, Berlin & Stuttgart.

Bantelmann, A. (1967): Die Landschaftsentwicklung an der
  schleswig-holsteinischen Westküste, dargestellt am Beispiel
  Nordfrieslands. Offa-Bücher 21, Neumünster.

Barsch, D. (1978): Erläuterungen zur Geomorphologischen Karte
  1:25.000 der Bundesrepublik Deutschland GMK 25 Blatt 1, 1927
  Bornhöved. Berlin.

Besch, H.-W. & Kaminske, V. (1980): Die Ökologie einer
  Ferienregion - Beispiel Sylt. Fragenkreise, Paderborn.

Blume, H.P., Siem, H.K., Betzer, H.J. & Meyer, B. (1986):
  Young Moraine Landscape near Lübeck Bight. In: XIII. Congress
  of the International Society of Soil Science, Hamburg 1986,
  Guidebook Tour A. Mitteilungen der Deutschen Bodenkundlichen
  Gesellschaft 46, 277-287.

Bronger, A. & Polensky, R. (1985): Geoökologische Untersuchungen
  des Binnendünengebietes am Treßsee und seiner Umgebung als
  Beitrag zu einer Naturschutzplanung. Die Heimat 92, H.10, 303-
  319.

Brüggeln, B. (1981): Neue Erkenntnisse zur Lage des
  weichseleiszeitlichen Eisrandes westlich Flensburg. Ein Beitrag
  zur GMK 100. PH Flensburg: unveröff. Examensarbeit.

Cimiotti, U. (1983): Zur Landschaftsentwicklung des mittleren Trave-
  Tales zwischen Bad Oldesloe und Schwissel, Schleswig-Holstein.
  Berliner Geographische Studien 13.

Cimiotti, U. (1984): Zur Morphogenese des mittleren Trave-Tales und
  der Umgebung von Bad Oldesloe. Schriften des Naturwissenschaftlichen Vereins Schleswig-Holstein 54, 19-46.

Cordes, F. (1973): Eiderdamm. Natur und Technik. 3. Auflage,
  Hamburg.

Degens, E.T., Hillmer, G. & Spaeth, C. (Hg.) (1984):
  Exkursionsführer Erdgeschichte des Nord- und Ostseeraumes.
  Hamburg.

Degn, C. & Muuss, U. (1966): Topographischer Atlas Schleswig-
Holstein. 3.Auflage, Neumünster.

Degn, C. & Muuss, U. (1974): Luftbildatlas Schleswig-Holstein.
5. Auflage, Neumünster.

Degn, C. & Muuss, U. (1975): Luftbildatlas Schleswig-Holstein II.
3. Auflage, Neumünster.

Degn, C. & Muuss, U. (1979): Topographischer Atlas Schleswig-
Holstein und Hamburg. Neumünster.

Degn, C. & Muuss, U. (1984): Luftbildatlas Schleswig-Holstein
und Hamburg. Neumünster.

Dietz, C. (1953): Geologische Karte von Deutschland.
Erläuterungen zu den Blättern Bredstedt und Ockholm. Kiel.

Dittmer, E. (1938): Schichtenaufbau und Entwicklungsgeschichte
des Dithmarscher Alluviums. Westküste I, Heft 2.

Dittmer, E. (1951): Das Eem des Treene-Tales.
Schriften des Naturwissenschaftlichen Vereins Schleswig-
Holstein 25, 91-99.

Dittmer, E. (1952): Die nacheiszeitliche Entwicklung der
schleswig-holsteinischen Westküste. Meyniana 1, 138-168.

Dücker, A. (1954): Die Periglazial-Erscheinungen im
holsteinischen Pleistozän. Göttinger Geographische
Abhandlungen 16, 1-52.

Dücker, A. (1969): Der Ablauf der Holsteinwarmzeit in
Westholstein. Eiszeitalter und Gegenwart 20, 46-57.

Einsele, G. & Schulz, H.D. (1973): Über den Grundwasserhaushalt i
Norddeutschen Flachland. Teil 1: Grundwasserneubildung bewaldet
und waldfreier Sanderflächen Schleswig-Holsteins. Besondere Mit
teilungen zum Deutschen Gewässerkundlichen Jahrbuch 36.

Elwert, D. (1977): Bodenkarte von Schleswig-Holstein, Blatt 1617
St. Peter-Ording. Kiel: Geologisches Landesamt.

Elwert, D. (1980): Bodenkarte von Schleswig-Holstein, Blatt 2019
Kaiser-Wilhelm-Koog. Kiel: Geologisches Landesamt.

Emeis, W. (1954): Naturschutzgebiete auf der Schleswigschen
Geest. Jahrbuch für die Schleswigsche Geest 2, 23-29.

Ernst, O. (1934): Zur Geschichte der Moore, Marschen und Wälder
Nordwestdeutschlands, IV: Untersuchungen in Nordfriesland.
Schriften des Naturwissenschaftlichen Vereins Schleswig-
Holstein 20, 209-334.

Ernst, T. (1974): Die Hohwachter Bucht. Morphologische Entwicklun
einer Küstenlandschaft Ostholsteins. Schriften des Naturwissenschaftlichen Vereins Schleswig-Holstein 44, 47-96.

Felix-Henningsen, P. (1979): Genese und Stratigraphie mächtiger
Paläoböden in der Drenthe-Moräne des Roten Kliffs von Sylt.
Zeitschrift für Geomorphologie, N.F., Suppl. Bd. 33, 223-231.

Felix-Henningsen, P. (1979): Merkmale, Genese und Stratigraphie
fossiler und reliktischer Bodenbildungen in saaleeiszeitlichen
Geschiebelehmen Schleswig-Holsteins und Süd-Dänemarks. Kiel:
Dissertation.

Felix-Henningsen, P. (1982): Paleoclimatic interpretation of a thick
intra-Saalian paleosol, the "bleached loam" on the Drenthe-
moraines of northern Germany. Catena 9, 1-8.

Felix-Henningsen (1983): Paleosols and their stratigraphical interpretation. In: J. Ehlers (Hg.): Glacial deposits of North-West
Europe, 305-320, Rotterdam.

Fiege, K. (1950): Die Raseneisenerze Schleswig-Holsteins. Neues
Jahrbuch für Mineralogie, Monatshefte, 1950, 219-237.

Finnern, H. & Brümmer, G. (1986): Marshland Soils of Southern
Dithmarschen. In: XIII. Congress of the International Society
of Soil Science, Hamburg 1986, Guidebook Tour A. Mitteilungen
der Deutschen Bodenkundlichen Gesellschaft 46, 263-275.

Fischer, O. (1956): Das Wasserwesen an der schleswig-
holsteinischen Nordseeküste. Bd. III, 3: Eiderstedt. Berlin.

Fischer, O. (1958): Das Wasserwesen an der schleswig-
holsteinischen Nordseeküste. Bd. III, 4: Stapelholm und
Eiderniederung. Berlin.

Fränzle, O. (1981): Erläuterungen zur geomorphologischen Karte
1:25.000 der Bundesrepublik Deutschland, Blatt 8, Nr. 1826
Bordesholm. Berlin.

Fränzle, O. (1983): Die Reliefentwicklung des Kieler Raumes.
Kieler Geographische Schriften 58, 15-22.

Fränzle, O. (1987): Glaziäre, periglaziäre und marine
Relieformen im nördlichen Schleswig-Holstein. In: J. Bähr & G.
Kortum (Hg.): Schleswig-Holstein. Sammlung Geographischer
Führer Bd. 15, 155-172, Berlin & Stuttgart.

Frahm, P. (1980): Abbau von Raseneisenerz auf der Schleswiger
Geest. Jahrbuch für die Schleswigsche Geest 28, 217-222.

Garniel, A. (1988): Geomorphologische Detailaufnahme des Blattes
L 1926 Bordesholm. Schriftliche Hausarbeit zur wissenschaft-
lichen Prüfung für das Lehramt an Gymnasien. Kiel: Geographisches
Institut der Universität (unveröff.).

Glückert, G. (1973): Glazialmorphogenese der weichseleiszeitlichen
Moränen des Eckernförder Zungenbeckens (Schleswig-Holstein).
Meyniana 23, 19-48.

Gripp, K. (1940): Die Entstehung der Landschaft um Haithabu.
Offa 5, 37-64.

Gripp, K. (1950): Die Entwässerung der inneren Eisrandlagen in Nordwest-Deutschland. Schriften des Naturwissenschaftlichen Vereins Schleswig-Holstein 24, 87-91.

Gripp, K. (1952): Die Entstehung der Landschaft Ostholsteins. Meyniana 1, 119-129.

Gripp, K. (1953): Die Entstehung der ostholsteinischen Seen und ihre Entwässerung. Schriften des Geographischen Instituts der Universität Kiel, Schmieder-Festschrift, 11-26.

Gripp, K. (1954): Die Entstehung der Landschaft des Kreises Eckernförde. Jahrbuch der Heimatgemeinschaft Eckernförde 12, 69-77.

Gripp, K. (1954): Die Entstehung der Landschaft Ost-Schleswig vom Dänischen Wohld bis Alsen. Meyniana 2, 81-123.

Gripp, K. (1955): Die Entstehung der Segeberger Höhle. Die Heimat 62, 1-2.

Gripp, K. (1958): Der Verlauf rißzeitlicher Moränen in Schleswig. Meyniana 7, 1-4.

Gripp, K. (1963): Neues über den Gipsberg und die Höhle zu Segebe Heimatkundliches Jahrbuch für den Kreis Segeberg 9, 97-103.

Gripp, K. (1964): Erdgeschichte von Schleswig-Holstein. Neumünste

Gripp, K. (1968): Zur jüngsten Erdgeschichte von Hörnum/Sylt und Amrum mit einer Übersicht der Dünen in Nordfriesland. Die Küste 16, 76-117.

Gripp, K. & Schütrumpf, R. (1952): Über den morphologischen Nachw einer nacheiszeitlichen Klimaschwankung. Die Naturwissenschafte 110.

Grube, F. (1968): Zur Geologie der weichseleiszeitlichen Gletsche randzone von Rahlstedt-Meiendorf. Ein Beitrag zur regionalen Geologie von Hamburg. Abhandlungen und Verhandlungen des Naturwissenschaftlichen Vereins in Hamburg, N.F., XIII, 141-194

Grube, F. (1983): Tunnel Valleys. In: J. Ehlers (Hg.): Glacial Deposits in North-West Europe, 257-258, Rotterdam.

Grube, F., Vladi, F. & Volmer, T. (1976): Erdgeschichtliche Entwi lung des unteren Alstertales. Mitteilungen des Geologisch-Paläontologischen Instituts der Universität Hamburg 46, 43-56.

Guenther, E.W. (1953): Die geologische Entstehung des Stapelholms Die Heimat 60, 127-128.

Guenther, E.W. (1969): Eine neu zusammengestellte Übersichtskarte der Insel Helgoland. Schriften des Naturwissenschaftlichen Vere Schleswig-Holstein 39, 65-71.

Hagel, J. (1972): Zur Hydrologie des Segeberger Kalkberges.
Schriften des Naturwissenschaftlichen Vereins Schleswig-Holstein
42, 58-70.

Hansen, M. & Hansen, N. (1971): Föhr. Geschichte und Gestalt
einer Insel. Münsterdorf.

Hansen, S. (1940): Varvighed i danske og skaanske senglaciale
afleyringer. Danmarks Geologiske Undersøgelser, II.Raekke, Bd.
63.

Harck, O. (1980): Stadtkernforschung in Eckernförde. Offa 37,
232-252.

Hassenpflug, W. (1971): Sandverwehung und Windschutzwirkung im
Luftbild. Jahrbuch für die Schleswigsche Geest 19, 1-12.

Hassenpflug, W. (1972): Formen und Wirkungen der Bodenverwehungen
im Luftbild. Landeskundliche Luftbildauswertung im mitteleuro-
päischen Raum 10, 43-82.

Hassenpflug, W. (1988): Polygonmuster auf der Schleswiger Geest.
Standörtlich-periglaziale Ausdeutung zweier Luftbilder.
Geographische Rundschau 40, H. 5, 27-32.

Henning, J. (1973): Zur periglazialen Talentwicklung im
norddeutschen Jungmoränengebiet. Schriften des Naturwisseenschaft-
lichen Vereins Schleswig-Holstein 43, 25-28.

Herrmann, A. (1971): Neue Ergebnisse zur glazialmorphologischen
Gliederung des Obereidergebietes. Schriften des
Naturwissenschaftlichen Vereins Schleswig-Holstein 39, 5-41.

Higelke, B. (1973): Eiderabdämmung. Münsterdorf.

Hingst, H. (1955): Vorgeschichtliche Eisengewinnung auf der
Schleswiger Geest. Jahrbuch für die Schleswigsche Geest 3, 35-47.

Hingst, H. (1983): Das Eisenhüttenrevier auf dem Kammberg-Gelände
in Joldelund, Kreis Nordfriesland. Offa 40, 163-174.

Hingst, K. & Muuss, U. (1978): Landschaftswandel in Schleswig-
Holstein. Neumünster.

Hintz, R.A. (1955): Die Entwicklung der Schleimündung.
Meyniana 4, 66-77.

Hintz, R.A. (1958): Die Strandwälle im Gebiet der Kolberger
Heide und die Entstehung des Laboeer Sandes. Meyniana 6, 127-130.

Hölting, B. (1958): Die Entwässerung des würmzeitlichen Eisrandes
in Mittelholstein. Meyniana 7, 61-98.

Hormann, K. (1969): Gibt es Tunneltäler in Schleswig-Holstein?
Schriften des Naturwissenschaftlichen Vereins Schleswig-
Holstein 39, 5-11.

Hummel, P. & Cordes, E. (1969): Holozäne Sedimentation und
    Faziesdifferenzierung beim Aufbau der Lundener Nehrung
    (Norderdithmarschen). Meyniana 19, 103-112.

Illies, H. (1952): Die eiszeitliche Fluß- und Formengeschichte
    des Unterelbe-Gebietes. Geologisches Jahrbuch 70, 525-558.

Illies, H. (1955): Pleistozäne Salzstockbewegungen in Norddeutsch-
    land und ihre regionale Anordnung. Geologische Rundschau 43, 70-

Iwersen, J. (1953): Windschutz in Schleswig-Holstein, aufgezeigt
    am Beispiel der Schleswigschen Geest. Gottorfer Schriften zur
    Landeskunde 2.

Iwersen, J. (1955): Windschutz auf der Schleswigschen Geest.
    Jahrbuch für die Schleswigsche Geest 3, 6-11.

Jakob, J.A. & Lamp, J. (1980): Fossile Frostpolygonmuster auf
    Luftbildern Mittelholsteins und ihre bodenkundliche Bedeutung.
    Meyniana 32, 129-134.

Jaritz, W. (1973): Zur Entstehung der Salzstrukturen Nordwest-
    deutschlands. Geologisches Jahrbuch, Reihe A, Bd. 10, Hannover.

Jatho, G. (1969): Flugsandbildungen im Bereich der Soholmer Au.
    Kiel: unveröff. Dissertation.

Jauhiainen, E. (1975): Morphometric analysis of drumlin fields in
    northern central Europe. Boreas 4, 219-230.

Johannsen, A. (1960): Holozäne Flugsande auf Föhr. Schriften des
    Naturwissenschaftlichen Vereins Schleswig-Holstein 30, 110-114.

Johannsen, A. & Stremme, H.E. (1954): Plaggenböden auf Föhr.
    Zeitschrift für Pflanzenernährung, Düngung und Bodenkunde 65, 1-

Kabel, C. (1983): The Brodtener Ufer cliff. In: J. Ehlers (Hg.):
    Glacial Deposits in North-West Europe, 325-329, Rotterdam.

Kachholz, K.D. (1979): Sedimenttypen der Flachwasserzone im Osttei
    der Kieler Außenförde (Schleswig-Holstein). Meyniana 31, 15-24.

Kannenberg, E.G. (1951): Die Steilufer der schleswig-holsteinische
    Ostseeküste. Probleme der marinen und klimatischen Abtragung.
    Schriften des Geographischen Instituts der Universität Kiel,
    Heft 14, Nr 1.

Kiefmann, H.-M. (1978): Bosau - Untersuchung einer Siedlungskammer
    in Ostholstein. Bd. III: Historisch-geographische Untersuchungen
    zur älteren Kulturlandschaftsentwicklung. Offa-Bücher 38, Neumüns

Kiefmann, H.-M. & Müller, H.E. (1975): Die Tiefenkarte des Großen
    Plöner Sees als Beitrag zur Erforschung einer frühen Kulturland-
    schaft und der regionalen Morphogenese. Offa 32, 16-29.

Klug, H., Erlenkeuser, H., Ernst, T. & Willkomm, H. (1974):
Sedimentationsabfolge und Transgressionsverlauf im Küstenraum
der östlichen Kieler Außenförde während der letzten 5000 Jahre.
Offa 31, 5-18.

Klug, H., Sterr, H. & Boedeker, D. (1988): Die Ostseeküste
zwischen Kiel und Flensburg. Morphologischer Charakter und
rezente Entwicklung. Geographische Rundschau 40, H. 5, 6-14.

Kock, K. (1985): Das Watt. Lebensraum auf den zweiten Blick. Mit
Beiträgen von F. Liedl und M. Lindner. 4. Auflage, Kiel.

Köster, R. (1955): Die Morphologie der Strandwall-Landschaften
und die erdgeschichtliche Entwicklung der Küsten Ostwagriens
und Fehmarns. Meyniana 4, 52-65.

Köster, R. (1958): Die Küsten der Flensburger Förde. Schriften
des Naturwissenschaftlichen Vereins Schleswig-Holstein 29, 5-18.

Kramer, J. (1978): Küstenschutzwerke an der deutschen Nord- und
Ostsee. Die Küste 32, 124-139.

Kremer, B.P. (1985): Helgoland - Ein Aufschluß mitten im Meer.
Geowissenschaften in unserer Zeit 3, Heft 1, 1-7.

Lange, W. (1974): Die Geologie zur Lage der paläolithischen Fundstelle bei Schalkholz, Kreis Dithmarschen. Hammaburg, N.F., 1, 23-25.

Lange, W. (1978): Geologische Karte 1:25.000 Schleswig-Holstein,
Blatt 1721 Tellingstedt. Kiel: Geologisches Landesamt.

Magens, C. (1957): Küstenforschungen im Raum Fehmarn - Nordwagrien.
Die Küste 6, 4-39.

Meier, O.G. (1982): Die Naturschutzgebiete in Dithmarschen. Heide.

Meier, O.G. (1987): Der Speicherkoog Dithmarschen. Werden, Bedeutung,
Nutzung, Naturschutz. Heide.

Meier, O.G. (Hg.) (1985): Die Naturschutzgebiete des Kreises
Rendsburg-Eckernförde und der Stadt Neumünster. Heide.

Meier, O.G. (Hg.) (1987): Die Naturschutzgebiete auf Sylt und
Amrum. Heide.

Meier, O.G. (Hg.) (1988): Die Naturschutzgebiete im Kreis
Plön und in der Stadt Kiel. Heide.

MELF (1981): Gutachten zur geplanten Vordeichung der Nordstrander
Bucht. Minister für Ernährung, Landwirtschaft und Forsten des
Landes Schleswig-Holstein, Kiel.

Meyer, K.D. (1965): Das Quartärprofil am Steilufer der Elbe bei
Lauenburg. Eiszeitalter und Gegenwart 16, 47-60.

Meyer, K.D. (1973): Geologischer Exkursionsführer Hamburg und
Umgebung. Hamburg-Lauenburg/Elbe. Der Geschiebesammler 7.

Möller, H. (Hg.) (1940): Das Satrupholmer Moor. Jahrbuch des Heimatbundes Angeln, 10 & 11.

Muller, E.H. (1974): Origin of Drumlins. In: D.R. Coates (Hg.): Geomorphology, 187-204, Binghampton.

Müller, F. & Fischer, O. (1937): Das Wasserwesen an der schleswig holsteinischen Nordseeküste. Bd. II, 6: Föhr. Berlin.

Müller, H.E. (1976): Zur Morphologie pleistozäner Seebecken im westlichen schleswig-holsteinischen Jungmoränengebiet. Zeitschrift für Geomorphologie, N.F., 20, 350-360.

Müller, H.E. (1981): Vergleichende Untersuchungen zur hydrochemischen Dynamik von Seen im schleswig-holsteinischen Jungmoränengebiet. Kieler Geographische Schriften 53.

Müller-Wille, M. & Voss, F. (1973): Geomorphologische und archäo-logische Untersuchungen im Mündungsgebiet der Langballigau an d Flensburger Förde. Archäologisches Korrespondenzblatt 3, 123-12

Muuss, U. & Petersen, M. (1978): Die Küsten Schleswig-Holsteins. 3.Auflage, Neumünster.

Muuss, U., Petersen, M. & König, D. (1973): Die Binnengewässer Schleswig-Holsteins. Neumünster.

Nagel, J. (1932): Marsch, Donn und Klev in Süderdithmarschen. Jahrbuch des Vereins für Dithmarscher Landeskunde 11.

Petersen, M. (1981): Die Halligen. Neumünster.

Picard, K. (1958): Die Struktur Peissen und das glazigene Geschel im Raum des Lockstedter Sanders. Geologisches Jahrbuch 75, 347-

Picard, K. (1959): Das Werden der Landschaft Westholsteins währe der Saaleeiszeit. Geologisches Jahrbuch 76, 209-222.

Picard, K. (1960): Die Kreide bei Peissen. Die Heimat 67, 340-34;

Picard, K. (1965): Frostspalten und Flugsandfüllung in Schleswig-Holstein. Schriften des Naturwissenschaftlichen Vereins Schleswig-Holstein 36, 84-87.

Picard, K. (1966): Tektonische Bewegungen und eiszeitliches Geschehen in Mittelholstein. Die Heimat 73, 258-262.

Pieles, N. (1958): Diluvial-geologische Untersuchungen im Gebiet des Möllner Sanders. Meyniana 6, 85-106.

Pour-Naghshband, G.R. (1978): Tonmineralbestand und Baugrundeigel schaften der Tarras-Tone, Beckentone und des Geschiebemergels Teilgebieten Schleswig-Holsteins. Meyniana 30, 55-60.

Prange, W. (1979): Geologie der Steilufer von Schwansen, Schlesw Holstein. Schriften des Naturwissenschaftlichen Vereins Schlesw Holstein 49, 1-24.

Prange, W. (1985): Holozäne Überschiebungen an dem tiefliegenden
Salzstock Osterby, Schleswig-Holstein. Meyniana 37, 65-77.

Prange, W. (1987): Gefügekundliche Untersuchungen der weichseleiszeitlichen Ablagerungen an den Steilufern des Dänischen Wohlds,
Schleswig-Holstein. Meyniana 39, 85-110.

Priesmeier, K. (1970): Form und Genese der Dünen des Listlandes
auf Sylt. Schriften des Naturwissenschaftlichen Vereins Schleswig-
Holstein 40, 11-51.

Probst, W. & Riedel, W. (1978): Das Naturschutzgebiet Lundtop.
Eine botanisch-geographische Studie zu einem naturnahen Eichen-
waldrest. Die Heimat 85, 249-266.

Quedens, G. (1967): Die Dünen von Amrum. Ein bedenkenswertes Beispiel
modernen Naturschutzes. Nordfriesland 2, H. 6, 137-144.

Quedens, G. (1975): Die Halligen. Breklum.

Quedens, G. (1984): Amrum. 11.Auflage, Breklum.

Quedens, G. (1987): Föhr. 10. Auflage, Breklum.

Range, P. (1933): Die Drumlinlandschaft bei Oldesloe in Holstein.
Jahrbuch der Preußischen Geologischen Landesanstalt Berlin, 54,
348-353.

Reineck, H.E. (1982): Das Watt. Ablagerungs- und Lebensraum.
Frankfurt/M.

Remde, F. (1972): Amrum. Ein Beitrag zur Genese und Struktur
einer Inselsiedlung. Berlin.

Riedel, W. (1978): Geomorphologische Detailkartierung am
Beispiel des Meßtischblattes Bredstedt. Nordfriesland 42/43,
123-127.

Riedel, W. (1978): Landschaftswandel und gegenwärtige Umweltbeein-
flussung im nördlichen Landesteil Schleswig. Institut für regionale
Forschung und Information im deutschen Grenzverein, Schleswig.

Riedel, W. (1980): Bemerkungen zu den Raseneisenerzbildungen auf
der Schleswigschen Geest. Jahrbuch für die Schleswigsche Geest 28,
223-225.

Riedel, W. & Polensky, R. (1986): Die Naturschutzgebiete des
Kreises Schleswig-Flensburg. Heide.

Ross, P.-H. (1972): Ingenieurgeologische Planungskarte St. Michaelisdonn. Kiel: Geologisches Landesamt.

Ross, P.-H., Liebsch-Dörschner, T. & Hoffmann, G. (1985): Kataster
der aus geologisch-geomorphologischer Sicht schüztenswerten
Objekte (GeoschOb-Kataster) der Landeshauptstadt Kiel. Unveröff.
Bericht an das Garten- und Friedhofsamt der Stadt Kiel. Kiel:
Geologisches Landesamt.

Rust, A. (1978): Vor 20.000 Jahren. Rentierjäger der Eiszeit. 4. Auflage, Neumünster.

Scheffer, F. & Schachtschabel, P. (1982): Lehrbuch der Bodenkunde. 11. Auflage, Stuttgart.

Schlenger, H., Paffen, K.-H. & Stewig, R. (Hg.) (1969): Schleswig-Holstein. Ein geographisch-landeskundlicher Exkursionsführer. Schriften des Geographischen Instituts der Universität Kiel 30.

Schlüter, G. (1977): Beiblatt zur Geologischen Karte Blatt 1521 Ostenfeld: Holozän-Mächtigkeit. Kiel: Geologisches Landesamt.

Schmidt-Thomé, P. (1987): Helgoland. Seine Düneninsel, die umgebenden Klippen und Meeresgründe. Sammlung Geologischer Führer Bd. 82, Berlin.

Schroeder, D. (1984): Bodenkunde in Stichworten. 4. Auflage, Kiel.

Schröder, M. (1977): Bemerkungen zur Eisrandlagengenese im Raum Flensburg des deutsch-dänischen Grenzgebietes. Die Heimat 84, 87-98.

Schröder, M. & Riedel, W. (1976): Neue Beobachtungen zum Rand der letzten Vereisung im deutsch-dänischen Grenzraum bei Flensburg. Die Heimat 83, 59-62.

Schütrumpf, R. (1956): Die Moore Schleswig-Holsteins. Karte 1:500. Kiel: Geologisches Landesamt.

Schulte, K. (1979): Durch Marsch und Geest. Heide.

Seifert, A. (1953): Die jüngste geologische Entwicklung der Helgoländer Düne. Natur und Volk, 311-317.

Seifert, G. (1952): Der Aufbau und die geologische Entwicklung des Brodtener Ufers und der angrenzenden Niederungen. Die Küste 1, H. 2, 15-20.

Seifert, G. (1954): Das mikroskopische Korngefüge des Geschiebe-mergels als Abbild der Eisbewegung, zugleich Geschichte des Eisa baus in Fehmarn, Ost-Wagrien und dem Dänischen Wohld. Meyniana 2 124-190.

Seifert, G. (1955): Die postglaziale Geschichte der Warder- und Eichholzniederung bei Heiligenhafen. Meyniana 4, 37-51.

Seifert, G. (1965): Geologische Karte von Fehmarn 1:50.000. Kiel:Geologisches Landesamt.

Stanschus-Attmannspacher, H. (1969): Die Entwicklung von Seeterras in Schleswig-Holstein. Schriften des Naturwissenschaftlichen Ver Schleswig-Holstein 39, 13-28.

Stein, K. (1955): Morphologie einer Salzstocklandschaft. Heimat-kundliches Jahrbuch für den Kreis Segeberg 1, 126-135.

Stephan, H.-J. (1975): Erläuterungen zur ingenieurgeologischen
Planungskarte 1:10.000 Bordesholm. Kiel: Geologisches Landesamt.

Stephan, H.-J. (1987): Form, Composition and Origin of Drumlins
in Schleswig-Holstein. In: J. Menzies & J. Rose (Hg.): Drumlin-
Symposium, 335-345, Rotterdam.

Stephan, H.-J., Kabel, C. & Schlüter, G. (1983): Stratigraphical
problems in the glacial Deposits of Schleswig-Holstein. In: J.
Ehlers (Hg.): Glacial deposits of North-West Europe, 305-320,
Rotterdam.

Stephan, H.-J. & Menke, B. (1977): Untersuchungen über den
Verlauf der Weichselkaltzeit in Schleswig-Holstein. Zeitschrift
für Geomorphologie, N.F., Suppl.-Bd. 27, 12-28.

Sterr, H. (1985): Aktual-morphologische Entwicklungstendenzen
der schleswig-holsteinischen Ostseeküste. In: Kieler Geographische
Schriften 62 (Küste und Meeresboden. Neue Erkenntnisse
geomorphologischer Feldforschungen), 165-197.

Sterr, H. & Klug, H. (1987): Die Ostseeküste zwischen Kieler Förde
und Lübecker Bucht - Überformung der Küstenlandschaft durch den
Fremdenverkehr. In: J. Bähr & G. Kortum (Hg.): Schleswig-Holstein.
Sammlung Geographischer Führer Bd. 15, 221-242, Berlin & Stuttgart.

Straka, H. & Straka, G. (1984): Über die Veränderung der
Vegetation im nördlichen Teil der Insel Sylt (NSG Nord-Sylt)
von 1960-1982. Schriften des Naturwissenschaftlichen Vereins
Schleswig-Holstein 54, 1-18.

Strehl, E. (1985): Erläuterungen zur geologischen Karte von
Schleswig-Holstein 1:25.000 Owschlag, Rendsburg (1623, 1624).
Kiel: Geologisches Landesamt.

Strehl, E. (1986): Zum Verlauf der äußeren Grenze der Weichselver-
eisung zwischen Owschlag und Nortorf (Schleswig-Holstein). Eiszeitalter und Gegenwart 36, 37-41.

Stremme, H.E. (1964): Die Warmzeiten vor und nach der Wartheeiszeit
in ihren Bodenbildungen bei Böxlund (westlich Flensburg). Neues
Jahrbuch für Geologie und Paläontologie, Monatshefte, 4, 237-247.

Stremme, H.E. & Menke, B. (1980): Quartär-Exkursionen in
Schleswig-Holstein. Kiel: Geologisches Landesamt.

Stühmer, H.H., Spaeth, C. & Schmidt, F. (1982): Fossilien
Helgolands. Teil 1: Trias und Unterkreide. Otterndorf.

Tarnow, R., Petersen, P. & Petersen, K. (o.J.): Speicherkoog Dithmarschen. Ein neuer Deich verändert die Landschaft. Meldorf.

Todtmann, E.M. (1951): Unterirdischer Karst in der Kreide von
Lägerdorf. Schriften des Naturwissenschaftlichen Vereins
Schleswig-Holstein 25, 125-130.

Todtmann, E.M. (1954): Die würmzeitlichen Eisrandschwankungen im
Bereich der Hahnheide bei Trittau östlich von Hamburg. Mitteilun
gen des Geologischen Staatsinstituts Hamburg 23, 142-149.

Vogel, H. (1985): Waldmuseum Burg/Dithmarschen. Führer zu
schleswig-holsteinischen Museen Bd. 4, Neumünster.

Voigt, H. (1964): Die Insel Amrum: Landschaft und Entwicklung.
In: M. Hansen & N. Hansen (Hg.): Amrum - Geschichte und Gestalt
einer Insel. Itzehoe-Voßkate.

Voss, F. (1967): Die morphologische Entwicklung der Schleimündung.
Hamburger Geographische Studien 20.

Voss, F. (1972): Neue Ergebnisse zur relativen Verschiebung
zwischen Land und Meer im Raum der westlichen Ostsee. Zeitschrif
für Geomorphologie, N.F., Suppl.-Bd. 14, 150-168.

Voss, F. (1973): Das Höftland von Langballigau an der Flensburger
Förde. Offa 30, 60-132.

Voss, F. (1986): Die postglaziale Talentwicklung im Küstenbereich
der Langballigau an der Flensburger Förde. Offa 43, 173-184.

Weber, H. (1957): Der geologische Bau des Untergrundes von
Schleswig-Holstein und seine Erdöllagerstätten: Übersichtskarte.
Kiel:Geologisches Landesamt.

Weber, H. (1977): Salzstrukturen, Erdöl und Kreidebasis in
Schleswig-Holstein. Übersichtskarten zur Geologie von Schleswig-
Holstein 1:500.000. Kiel: Geologisches Landesamt.

Wefer, G. & Flemming, B. (1976): Submarine Abrasion des Geschiebemergels vor Bookniseck (westliche Ostsee). Meyniana 28, 87-94.

Weise, O.R. (1983): Das Periglazial. Geomorphologie und Klima
in gletscherfreien, kalten Regionen. Stuttgart.

Weiss, E.N. (1958): Bau und Entstehung der Sander vor der Grenze d
Würmvereisung in Schleswig-Holstein. Meyniana 7, 5-61.

Werner, H. (1951): Zur Entstehung der schleswig-holsteinischen
Raseneisenerze. Schriften des Naturwissenschaftlichen Vereins
Schleswig-Holstein 25, 138-141.

Wetzel, W. (1927): Das Kossautal von der Quelle bis zum Meer. Die
Heimat 37, 273-279.

Wilke, H. & Ehlers, J. (1983): The thrust moraine of Hamburg-
Blankenese. In: J. Ehlers (Hg.): Glacial Deposits in North-West
Europe, 331-333, Rotterdam.

Wohlenberg, E. (1965): Meldorfs Erdgeschichte und Landschaftsentwicklung von der Eiszeit bis heute und morgen. In: A. Kamphausen
N.R. Nissen & W. Rietz: 700 Jahre Meldorf, 32-40, Heide.

Wohlenberg, E. (1969): Die Halligen Nordfrieslands. Heide.

Wohlenberg, E. (1976): Dithmarschen – Eine landschaftsgeschichtliche
  Untersuchung. In: K. Jensen, N.R. Nissen & E. Wohlenberg (Hg.):
  Dithmarschen. Land an der Küste. Heide.

Woldstedt, P. & Duphorn, K. (1974): Norddeutschland und angrenzende
  Gebiete im Eiszeitalter. Stuttgart.

Ziemus, H. (1981): Palynologische Untersuchungen am terrestrischen
  Jungpleistozän von Schalkholz, Kreis Dithmarschen (Schleswig-
  Holstein). Schriften des Naturwissenschaftlichen Vereins
  Schleswig-Holstein 51, 25-36.

Zölitz, R. (1987): Die Schleswiger Landenge im historischen
  Profil. In: J. Bähr & G. Kortum (Hg.): Schleswig-Holstein.
  Sammlung Geographischer Führer Bd. 15, 113-132, Berlin & Stuttgart.

Worterklärungen

Abrasion: Küstenabtragung durch Brandung
Abrasionsfläche, -plattform, -schorre: schwach gegen das Meer oder einen Binnensee geneigte Fläche unter Wasser, durch Wellen und Brandungswirkung eingeebnet
Ah-Horizont: humoser Oberboden
Akkumulation: Anhäufung von Abtragungsmaterial; Ablagerung
aktives Eis: fließendes Gletschereis, Ggs. zu ->stagnierendem Eis
Alleröd-Interstadial: wärmerer Abschnitt des ->Weichsel-Spätglazial
Alluvium: veraltete Bezeichnung für ->Holozän
Altmoräne: Oberflächenform, die während der vorletzten Eiszeit (Saaleeiszeit) entstand; Begriff wird meist mit regionalem Bezug gebraucht, kann außer echten Moränen auch hochgelegene Sanderflächen der Saaleeiszeit beinhalten
Anhydrit: Kalziumsulfat ($CaSO_4$), bei Wasseraufnahme entsteht ->Gips
anthropogen: durch menschlichen Einfluß entstanden
äolisch: durch Windwirkung bedingt
Ästuar: durch Gezeitenstrom erweiterter Mündungstrichter von Flüssen
Atlantikum: Abschnitt des ->Holozän
Aufschluß: jede Stelle im Gelände, die Einblick in die Lagerung des Gesteins oder des Verwitterungshorizontes gewährt
Ausgleichsküste: Küste, die aufgrund natürlicher Abtragung vorspringender Landzungen und Abdämmung von Buchten durch ->Nehrungen eine ausgeglichene Form erhalten hat
Beckensediment: in meist wassererfüllten Hohlformen abgelagertes, geschichtetes, feinkörniges Material (oft Ton, Schluff, Feinsand)
Binnendüne: Düne im Binnenland, meist unter vorzeitlichen Klimabedingungen entstanden
Bleichhorizont: E-Horizont des ->Podsol
Bölling-Interstadial: wärmerer Abschnitt des ->Weichsel-Spätglazial
Boreal: Abschnitt des ->Holozän
Brandenburger Stadium: Abschnitt der ->Weichseleiszeit
Bs-Horizont: Eisen- und Mangananreicherungshorizont im ->Podsol
Buntsandstein: älteste Abteilung der ->Trias
Diluvium: veraltete Bezeichnung für ->Pleistozän
Diskordanz: ungleichförmige Lagerung von Gesteinsschichten
Drenthe-Eiszeit, -Stadial, -Zeit: ->Saaleeiszeit
Drumlin: vgl. Text zu Punkt Nr. 107
drumlinoid: annähernd drumlinförmig
Dryaszeit, älteste, ältere, jüngere: kältere Abschnitte des ->Weichsel-Spätglazial
Dünkirchentransgression: Meeresspiegelanstieg der Nordsee von etwa Chr. Geb. bis heute
E-Horizont: Auswaschungshorizont des ->Podsol
Eem-Warmzeit, Eem-Interglazial: Warmzeit zwischen ->Saaleeiszeit und ->Weichseleiszeit, etwa 120.000 bis 70.000 Jahre vor heute
Eiskeilpseudomorphose: vgl. Text zu Punkt Nr. 19
Eislobus: ->Gletscherlobus
Eisstausee: See vor der Gletscherstirn, in dem sich Schmelzwässer sammeln, oft abgedämmt durch Endmoränen
Eisstromdivergenz: seitliches Auffächern der Fließrichtung in einem Gletscher oder einer Inlandeismasse
Elstereiszeit: in Norddeutschland die älteste Eiszeit des ->Quartär mit nachgewiesener Vergletscherung weiter Gebiete; wurde gefolgt von der ->Holstein-Warmzeit
Endmoräne: Schuttanhäufung am aktiven Eisrand; entweder beim Gletschervorstoß durch Stauchung des vor der Eisfront liegenden,

oft gefrorenen Materials aufgeschoben (Stauchendmoräne) oder durch ständiges Austauen von Schutt aus der längere Zeit an einem Ort verweilenden Gletscherstirn abgesetzt (Satzendmoräne)

Eozän: Abteilung des ->Tertiär

Erosion: Abtragung; im engeren Sinne: linienhafte Abtragung

erosiv: durch ->Erosion bedingt

eutroph: nährstoffreich, Ggs. zu ->oligotroph

Exaration: Gletschererosion durch Eisschurf; exarativ: durch E. bedingt

Fehmarn-Vorstoß: letzter Eisvorstoß der ->Weichseleiszeit, der noch schleswig-holsteinisches Gebiet erreichte

Feinsand: ->Textur

flandrische Transgression: nacheiszeitlicher Meeresspiegelanstieg der Nordsee bis etwa 1.800 v. Chr., von der folgenden ->Dünkirchentransgression durch eine Phase der Stagnation getrennt

fluviatil, fluvial: durch fließendes Wasser bedingt (transportiert, abgelagert etc.)

fossil: unter heute nicht mehr herrschenden Bedingungen entstanden, der Vergangenheit angehörig, Ggs. zu ->rezent

Fraktion: Korngrößenklasse (->Textur)

Frankfurter Stadium: Abschnitt der ->Weichseleiszeit

Frühholozän: beginnendes ->Holozän

Genese: Entstehung

Geschiebedecksand: entsteht, wenn an der Oberfläche abgelagerter Flugsand durch ->Kryoturbation mit unterlagerndem ->Geschiebemergel/-lehm vermischt wird

Geschiebemergel: von Inlandeis bzw. Gletschern als ->Grundmoräne abgelagertes, unsortiertes Material; meist Geschiebe (Steine) unterschiedlicher Größe in lehmiger, kalkhaltiger Grundmasse; durch Entkalkung des G. entsteht Geschiebelehm

Geschiebezählung: Auszählung des ->Leitgeschiebeinhalts eiszeitlicher Ablagerungen mit dem Ziel, die Herkunft des Materials festzustellen und dieses ggf. zeitlich näher bestimmten Abschnitten der Vereisungsgeschichte, für die jeweils ein gewisses Geschiebespektrum als typisch erkannt wurde, zuzuordnen

Gips: Kalziumsulfat ($CaSO_4 \cdot 2H_2O$), entsteht bei Wasseraufnahme von ->Anhydrit

Gipskarst: ->Karst in Gipsgesteinen

Glaukonit: Kaliumeisenaluminosilikat; grünliches Mineral, das nur in Meeressedimenten vorkommt

Glazial: Eiszeit, Ggs. zu ->Interglazial

glazial, glaziär: eiszeitlich; durch Gletscher- bzw. Inlandeis be

glazifluvial: durch Gletscherschmelzwässer bedingt (erodiert, abgelagert)

glazigen: durch die Wirkung von Gletschereis entstanden

Gletscherlobus: zungenförmige Inlandeismasse, Gletscherzunge

Gletschertor: Austrittsstelle der ->subglazialen Schmelzwässer am Eisrand mit starker Schüttung

Gletscherzungenbecken: Becken-Hohlform, in der eine Gletscherzunge liegt bzw. gelegen hat, häufig durch ->Exaration eingetieft, nach vorn durch ->Endmoräne begrenzt

Gley: mineralischer Grundwasserboden; in seinem Oxidationshorizont (G_o-Horizont) kommt es bei hohem Eisengehalt des Grundwassers zu starker Eisenanreicherung, im Extrem zur Bildung von ->Raseneisenerz

Grobsand: ->Textur

Grundmoräne: an der Gletscherbasis abgelagertes Material; unsortiert, da vom fließenden Eis transportiert

Haff: durch eine ->Nehrung weitgehend abgeschnürte Meeresbucht; bei völligem Abschluß vom Meer spricht man meist von "Strandsee"

Hallig: nicht eingedeichte Marscheninsel
Hangendes: das eine Bezugsschicht überlagernde Gestein, Ggs. zu
"Liegendes"
Hangzugwasser: im Boden an einem Hang seitlich abfließendes
Wasser
Hochglazial: Höhepunkt einer Eiszeit, im Unterschied zu Früh-
glazial und Spätglazial
Höftland: flächenhaftes Strandwall-/Nehrungssystem
Holozän: jüngere Abteilung des ->Quartär; Nacheiszeit, seit etwa
10.200 Jahren, früher "Alluvium" genannt; Einteilung (vom
älteren zum jüngeren H.) in Präboreal (8.200-6.800 v. Chr.),
Boreal (6.800-5.500 v. Chr.), Atlantikum (5.500-2.500 v. Chr.),
Subboreal (2.500-600 v. Chr.) und Subatlantikum (600 v. Chr.
bis heute)
Holstein-Warmzeit, H.-Interglazial: Warmzeit zwischen der
->Elster- und der ->Saaleeiszeit
Immobilisierung: Festlegung
in situ: noch am Ort der Entstehung/Ablagerung befindlich, nicht
verschleppt
Interglazial: Warmzeit zwischen zwei Eiszeiten
Interstadial: wärmerer Abschnitt innerhalb einer Eiszeit
Jungholozän: spätes ->Holozän
Jungmoränengebiet: das während der letzten Eiszeit vereiste
Gebiet (östliches Schleswig-Holstein); Begriff wird meist mit
regionalem Bezug gebraucht, umfaßt außer Moränen auch ->Binnen-
sander, Rinnen etc.
Kame, Pl. Kames: Aus Sand- und Kiesschichten bestehende Hügel,
die von Schmelzwasserflüssen zwischen den Resten der zerfallenden,
nicht mehr in Bewegung befindlichen Inlandeismasse aufgeschüttet
wurden; vgl. auch Text zu Punkt Nr. 59
Kaolin: Gemenge von wasserhaltigen, weißlichen Tonerdesilikaten
Karst: Gesamtheit der durch Lösung in löslichen Gesteinen entste-
henden Formen (v.a. in Kalk und Gips)
Kegelsander: von einem oder mehreren nahe beieinanderliegenden
->Gletschertoren aufgeschütteter ->Sander mit kegelförmigem Ansatz
Kerbstauchung: Stauchung in der Kerbe zwischen zwei Eisloben
Kies: ->Textur
Kliff, aktiv: auch heute noch durch ->Abrasion angegriffene
Steilküste, in Weiterbildung befindlich
Kliff, fossil: durch ->Abrasion entstandene Steilküste, heute
nicht mehr durch Brandung angegriffen, meist durch jüngere,
vorgelagerte Sedimente vom Meereseinfluß abgeschirmt, u.U. heute
mehr oder weniger weit von der Küste entfernt
Knickmarsch: Marschboden mit tonigem Verdichtungshorizont
("Knickhorizont"); der Knickhorizont entsteht durch
Tonverlagerung und/oder schon bei der Sedimentation
Koog: eingedeichtes Marschland
Kratt: durch ehemalige bäuerliche Bewirtschaftung oder durch
Windschur niedrig gehaltener, gestrüppartiger Wald mit
Stockausschlag
Kreide(zeit): Periode des Erdmittelalters, etwa 135-65 Mio. Jahre
vor heute
kretazisch: ->kreide-zeitlich
kryoturbat: durch ->Kryoturbation bedingt
Kryoturbation: Die im Bereich des Frostbodens bei wechselndem
Gefrieren und Wiederauftauen der oberen Bodenschichten vor sich
gehenden Bodenbewegungen und Materialsortierungen; vgl. auch Text
zu Punkt Nr. 17
Lagune: ->Haff
lateral: seitlich, zur Seite hin, im Unterschied zu vertikal

Lee-Erosion: Küstenabtragung durch Strömungswirbel in Lee von Buhnen und anderen Hindernissen
Lehm: Gemisch aus ->Ton, ->Schluff und ->Sand
Leitgeschiebe: durch Gletschereis transportierter Gesteins-brocken, dessen Herkunftsort aufgrund seiner besonders typischen Zusammensetzung rekonstruierbar ist
Limonit: Eisenhydroxid, "Brauneisenstein" (FeOOH·xH₂O)
Lobus: ->Gletscherlobus
Mäander: vgl. Text zu Punkt Nr. 109
marin: durch Meereseinfluß bedingt, im Meer gebildet/abgelagert, Ggs. zu ->terrestrisch
Mergel: kalkhaltiger ->Lehm
mesotroph: von mittlerer Nährstoffversorgung, zwischen ->eutroph und ->oligotroph
Mesozoikum: Erdmittelalter, umfaßt ->Trias, ->Jura und ->Kreide, etwa 230-65 Mio. Jahre vor heute
Miozän: Abteilung des ->Tertiär
Mittelsand: ->Textur
Morphodynamik: Gesamtheit der Vorgänge, die zur Formung der Erd-oberfläche beitragen
morphographisch, morphologisch: die Oberflächenformen beschrei-bend, erklärend
Mudde: aus organischem Material bestehendes Sediment, das unter weitgehendem Sauerstoffabschluß Fäulnisprozessen unterliegt
Nehrung: schmale Landzunge, die eine Meeresbucht ganz oder weit-gehend abdämmt; entsteht und wächst durch Sandtransport in der küstenparallelen Längsströmung und durch Strandversetzung auf-grund schräg zur Küste auflaufender Wellen
niveofluviatil: durch abfließende Schneeschmelzwässer bedingt (transportiert, sedimentiert, erodiert)
NN: Normal Null, festgelegter Bezugsnullpunkt für alle topogra-phischen Höhenmessungen
Nunatak: vgl. Text zu Punkt Nr. 75
oligotroph: nährstoffarm, Ggs. zu ->eutroph
Oligozän: Abteilung des ->Tertiär
organogen: aus organischen Bestandteilen gebildet
Orterde: Vorstufe des ->Ortstein
Ortstein: schwarzbraune, verfestigte, stark eisenhaltige Schicht im Bs-Horizont von kräftig entwickelten ->Podsolen; führt zu Wasserundurchlässigkeit und verhindert das Eindringen von Pflan-zenwurzeln
Os, Pl. Oser: vgl. Text zu Punkt Nr. 38
oszillierender Eisrand: abwechselnd vorstoßender und zurück-weichender Rand des aktiven Inlandeises bzw. Gletschers
Paläoboden, fossiler Boden: begrabener oder überdeckter Boden mit unterbrochener Bodenentwicklung und konservierten Bodenmerkmalen; in Schleswig-Holstein meist von glazialen Ablagerungen überdeckte Böden älterer Warmzeiten
Paläozän: Abteilung des ->Tertiär
Parabeldüne: vgl. Text zu Punkt Nr. 31
periglazial: räumlich: Gebiete in der Nähe von Inlandeismassen oder Gletschern; klimamorphologisch: Bereiche, in denen die formbildenden Prozesse unter dem Einfluß des Bodenfrostes (->Permafrost) stehen
Perm: Periode des Erdaltertums, etwa 280-225 Mio. Jahre vor heute; gegliedert in Rotliegendes (280-240 Mio. J.v.h.) und Zechstein (240-225 Mio. J.v.h.)
Permafrost: Dauerfrostboden in kalten Regionen; nur die oberste Bodenschicht taut im Sommer auf
petrographisch: die Gesteinszusammensetzung betreffend

Phosphorit: Sammelbezeichnung für sedimentäre Kalzium-Phosphat-Minerale (Apatite)

Pleistozän: ältere Abteilung des ->Quartär, das Eiszeitalter umfassend, etwa 1,8 Mio. bis 10.000 Jahre vor heute, früher "Diluvium" genannt

Pliozän: Abteilung des ->Tertiär

Podsol: vgl. Text zu Punkt Nr. 92

polygenetisch: durch mehrere (verschiedene) formbildende Prozesse entstanden

Pommersches Stadium: Abschnitt der ->Weichsleiszeit

postglazial: nacheiszeitlich

postsedimentär: Vorgänge betreffend, die erst nach der Ablagerung stattfinden

Präboreal: Abschnitt des ->Holozän

präholozän: vor dem ->Holozän

Priel: Wattgerinne des Gezeitenstroms

Pyrit: Eisensulfid (FeS_2), Schwefelkies

Quartär: jüngere Periode der Erdneuzeit, umfaßt ->Pleistozän und ->Holozän; Beginn vor etwa 1,8 Mio. Jahren

Radialzertalung: hier: randliche Zertalung von Altmoränenkuppen unter ->periglazialen Bedingungen; vgl. auch Text zu Punkt Nr. 36

Randmoräne: ->Seitenmoräne

Raseneisenerz: Eisenanreicherung im ->Gleyboden

rezent: neu, in der Gegenwart ablaufende Prozesse betreffend

Rotliegend: Abteilung des ->Perm

Saaleeiszeit: vorletzte Eiszeit, etwa 280.000-120.000 Jahre vor heute; unterteilt in älteres Drenthe- und jüngeres Warthestadium, unterbrochen von wärmerer Phase, welcher nach Untersuchung von ->Paläoböden dieser Zeitstellung echter Warmzeitcharakter zuzusprechen ist ("Treenewarmzeit"); vgl. hierzu Text zu Punkt Nr. 24; demnach wären Drenthe- und Warthezeit getrennte Eiszeiten und nicht nur Stadien einer Eiszeit; Zweifel hieran gründen sich v.a. auf bisher für Norddeutschland fehlenden Nachweis einer ->Meerestransgression während der "Treenewarmzeit"; Untersuchungen in Niedersachsen und den Niederlanden führten zu einer Unterteilung der Saaleeiszeit in drei Stadien (Saale I bis III)

Salinartektonik, Salztektonik: durch Aufstieg von Salzstöcken, -domen und -mauern bedingte Erdkrustenbewegungen

Salzmarsch: Ergebnis beginnender Bodenbildung in frisch abgelagertem Marschensediment des Vorlandes vor dem Deich; noch salzhaltig, da episodisch überflutet

Sand: ->Textur

Sander: aus Kiesen und Sanden bestehende Ablagerungen der Schmelzwässer im Vorfeld der Gletscher und Inlandeismassen

Schluff: ->Textur

Schmelzwassersediment: von Gletscherschmelzwässern transportiertes und von ihnen abgelagertes Material, geschichtet und sortiert, meist ->Kiese und ->Sande

Seeterrasse: durch natürliche oder anthropogene Seespiegelabsenkung landfest gewordene, ehemalige ->Abrasionsschorre am Ufer von Seen

Segregationseis: Eiskristalle, die im Sinne des Wärmeflusses, d.h. senkrecht zur Abkühlungsfläche, wachsen

Seitenmoräne: Schuttanhäufung an den Seiten einer Gletscherzunge, gelegentlich auch durch seitlichen Druck gestaucht

Sietland: besonders tiefgelegenes (Marsch-)Land

Solifluktion: Bodenfließen; fließende bis kriechende Bewegung von Sediment und Bodenmassen auf geneigter Unterlage in ->Permafrostgebieten

Soll, Pl. Sölle: kleine, meist wassererfüllte Hohlform in ehemals

vergletscherten Gebieten
Spätglazial: letzter Abschnitt einer Eiszeit, hier meist bezogen auf die ->Weichseleiszeit
Springtiden: Meeresgezeiten mit bes. hoch auflaufender Flut und bes. niedrigem Niedrigwasser (große Amplitude der Tide, bei Voll- und Neumond)
stagnierendes Eis: Eis, das den Kontakt zum aktiv fließenden Gletscher verloren hat; bei Überschotterung wird es zu ->Toteis
Staubecken: ->Eisstausee
Stauchendmoräne: ->Endmoräne
Steinsohle: nach windbedingter Sandausblasung zurückbleibendes Steinpflaster, meist mit ->Windkantern
Strandsee: ->Haff
Straten: Schichten
subaerisch: an der Erdoberfläche stattfindend, hier meist als Ggs. zu ->subglazial
Subatlantikum: Abschnitt des ->Holozän
Subboreal: Abschnitt des ->Holozän
subglazial: unter dem Gletscher bzw. Inlandeis, hier meist bezogen auf Schmelzwässer
submarin: unter der Meeresoberfläche
Tarras-Ton: vgl. Text zu Punkt Nr. 64
terrestrisch: durch Prozesse auf der Erdoberfläche bedingt, Ggs. zu ->marin
Tertiär: ältere Periode der Erdneuzeit, etwa 65-1,8 Mio. Jahre vor heute; von älteren zum jüngeren T. unterteilt in Paläozän (65-54 Mio. J.v.h.), Eozän (54-38 Mio. J.v.h.), Oligozän (38-26 Mio. J.v.h.), Miozän (26-7 Mio. J.v.h.) und Pliozän (7-1,8 Mio. J.v.h.)
Textur: Korngrößenzusammensetzung eines Bodens oder Sediments; die Kornfraktionen sind nach DIN 4188 folgendermaßen definiert (Angaben in mm): Ton <0,002; Schluff 0,002-0,063; Feinsand 0,063-0,2; Mittelsand 0,2-0,63; Grobsand 0,63-2,0; Kies 2,0-63; Steine >63
Tieftauen: Abschmelzen von ->Toteis im Untergrund, hier meist mit Bezug auf das Tieftauen während des ->Frühholozän; als Ergebnis des Tieftauens entstanden zahlreiche, heute oft von Seen erfüllte Hohlformen
Ton: ->Textur
Toteis: Eismassen, die den Kontakt zum aktiven Gletscher verloren haben und durch Überschotterung längere Zeit konserviert werden können; das letzte Toteis schmolz in Schleswig-Holstein erst zu Beginn des ->Atlantikum (etwa 5.500 v. Chr.)
Toteisdynamik: Gesamtheit der durch das ->Tieftauen von ->Toteis verursachten Prozesse (Folgen: Schichtenstörungen, Einsinken von Hohlformen an der Oberfläche etc.)
Transgression: Meeresspiegelanstieg, während der Warmzeiten verursacht durch das weltweite Abschmelzen großer Inlandeis- massen
Treene-Warmzeit: ->Saaleeiszeit
Trias: Periode des Erdmittelalters, etwa 225-195 Mio. Jahre vor heute; von der älteren zur jüngeren T. unterteilt in Buntsand- stein, Muschelkalk und Keuper
triassisch: ->trias-zeitlich
Tunneltal: vgl. Text zu Punkt Nr. 25
Urstromtal: Tal vor dem Inlandeisrand, in dem sich die Schmelz- wässer und weitere zufließende Wässer vereinigen und zum Meer ab- fließen
Warmzeit: ->Interglazial
Warthe-Eiszeit, -Stadial, -Zeit ->Saaleeiszeit

Warwen: Jahresschichten von abwechselnd feinen und gröberen Sedimenten, in ->Eisstauseen abgelagert; bedingt durch jahreszeitlich schwankende Wasser- und Sedimentzufuhr; meist wechselt Ton (Sommer) mit Feinsand (Frühjahrsschmelze) ab

Weichseleiszeit: letzte Eiszeit, etwa 70.000-10.000 Jahre vor heute; unterteilt in Weichsel-Frühglazial bis etwa 20.000 J.v.h. (Schleswig-Holstein nocht nicht wieder vereist), Weichsel-Hochglazial von etwa 20.000-14.000 J.v.h. (östliches Schleswig-Holstein eisbedeckt, aber mit Eisrandschwankungen) und Weichsel-Spätglazial von etwa 14.000-10.200 J.v.h.; im Hoch- bis beginnenden Spätglazial sind für das Gebiet der DDR und Polens drei aufeinanderfolgende Stadien unterscheidbar: Brandenburger, Frankfurter und Pommersches Stadium; deren Verknüpfung mit den schleswig-holsteinischen Eisrandlagen ist problematisch, deswegen für Teilgebiete des Landes Vorschlag numerierter Abschnitte (Weichsel-1 bis -5); im Kieler Raum entspricht Weichsel-5 vermutlich dem ->Fehmarn-Vorstoß. Das Weichsel-Spätglazial wird in folgende (abwechselnd kältere und wärmere) Abschnitte gegliedert: älteste Dryaszeit, Bölling-Interstadial, ältere Dryaszeit, Alleröd-Interstadial, jüngere Dryaszeit

Windkanter: durch sandbeladenen Wind geschliffene und facettierte Steine

Wurzeltopf: Bereich eines ->Podsolprofils, in dem aufgrund heute abgestorbener Wurzeln die Podsolhorizonte (E-, B_s-Horizont) tiefer hinabreichen als in benachbarten Profilabschnitten; entsteht dadurch, daß stärkere Wurzeln Leitbahnen der Sickerwasserbewegung und damit Bereiche verstärkter Verlagerungsprozesse sind

Zechstein: Abteilung des ->Perm

Zungenbecken: ->Gletscherzungenbecken

Zweigbecken: Nebenbecken, das von einem größeren ->Gletscherzungenbecken abzweigt

Orts- und Sachregister

Die Ziffern beziehen sich auf die Punkt-Nummern
der Exkursionsziele

Naturkunde in Schleswig-Holstein

Diese umfassende Dokumentation über eine einzigartige Naturlandschaft bietet erstmalig eine wirkliche Übersicht über das gesamte Wattenmeer. Das Buch soll nicht allein den Naturfreund und Besucher, sondern auch die auf verschiedener Ebene Verantwortlichen ansprechen, um ihnen Einsicht in die Probleme des Wattenmeeres zu vermitteln.

Format 24,5×29,5 cm, 371 Seiten mit über 400 farbigen Abbildungen, 4. Auflage, Leinen 85,– DM

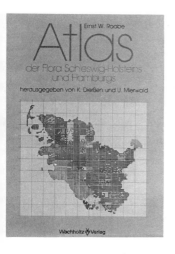

Dieses aufwendige, informative und für jeden Biologen, Naturfreund und -schützer unentbehrliche Nachschlagewerk umfaßt die floristischen Daten über die Gefäßpflanzen Schleswig-Holsteins und Hamburgs, die am Botanischen Institut der Universität Kiel gesammelt, archiviert und ausgewertet wurden.

Format 20,5×30 cm, 654 Seiten mit 1100 Verbreitungskarten, gebunden 90,– DM

Erhältlich in Ihrer Buchhandlung